篮球基本技术与训练方法

戴志东◎著

吉林出版集团股份有限公司

全国百佳图书出版单位

图书在版编目（CIP）数据

篮球基本技术与训练方法 / 戴志东著. —— 长春：吉林出版集团股份有限公司, 2024.3
ISBN 978-7-5731-3400-4

Ⅰ.①篮… Ⅱ.①戴… Ⅲ.①篮球运动—运动训练—研究 Ⅳ.①G841.2

中国国家版本馆CIP数据核字(2023)第093451号

LANQIU JIBEN JISHU YU XUNLIAN FANGFA

篮球基本技术与训练方法

著　　者：戴志东
责任编辑：孙　璘
封面设计：雅硕图文
版式设计：雅硕图文
出　　版：吉林出版集团股份有限公司
发　　行：吉林出版集团青少年书刊发行有限公司
地　　址：吉林省长春市福祉大路5788号
邮政编码：130118
电　　话：0431-81629808
印　　刷：长春市华远印务有限公司
版　　次：2024年3月第1版
印　　次：2024年3月第1次印刷
开　　本：710 mm × 1000 mm　　　1/16
印　　张：16
字　　数：254千字
书　　号：ISBN 978-7-5731-3400-4
定　　价：78.00元

内容简介

篮球技术是篮球运动的核心。一个运动员运动水平的高低是由其竞技能力决定的。竞技能力包括形态、机能、技术、战术、心理、身体素质、智力等七大要素，而这些要素在运动场上都应体现在运动员的篮球技术上。要成为一名优秀的篮球运动员，必须全面熟练地掌握篮球技术。《篮球基本技术与训练方法》是篮球技术方面的基础教程，书中详细讲解了身体控制、传接球、投篮、突破、运球、篮板球、专项防守、组合技术及团队进攻与防守等篮球技术要领，并提供了方便篮球教练教学使用的动作练习。此书不仅可以作为篮球教练的教学指导用书，还可以供球员自学使用。

本书由山东体育学院戴志东著，由于著者水平有限且时间仓促，书中难免有疏漏之处，希望广大专家、读者批评指正。

目　　录

第一章 篮球技术的身体控制

第一节 基本身体控制

对每个教练来说，最重要的任务之一就是教会球员如何移动和控制自己的身体。对于所有的球员来说，基本的移动有时也称为"篮球基础"，是最基本的动作。

教练应该教会球员如何有效和高效地移动，应该让球员学会如何保留时间和空间，同时带着特定的目的去移动，减少那些无效的移动。从基本上讲，篮球运动是一项有关平衡和速度的运动，所有的移动都应该以这些目的为焦点，球员应该努力使自己的比赛节奏更加紧凑，提高自己的平衡能力和速度。

篮球运动也是一项有关手部和脚步移动速度，以及在合适的时间使用该速度的学科。教学时，教练应该一直强调能够正确执行这些动作的原则，以及如何在正确的时间快速执行正确的动作，使球员不断提高身体平衡能力，并提高进攻和防守时的站位能力。

篮球运动中的六种基本位置和移动方式是姿势、启动、迈步、转身、停止和跳跃，鉴于速度本身很重要，因此这些基本的姿势都应该围绕"速度"这一中心词句来进行。

一、快速姿势

球员需要养成能够随时快速移动的基本篮球站位习惯。快速姿势需要球员具有足够大的肌肉力量及核心区域耐力，教授进攻和防守的快速姿势是一项具有挑战性的任务，由于年轻球员的肌肉力量和耐力都不成熟，无法长久地保持这一姿势，所以耐心对于教练来说是一个基本的要求。执行快速姿势时，最重要的环节是获得并保持屈膝和屈肘姿势，所有关节应该处于灵活状态并随时待命。篮球比赛需要球员尽量降低重心，球员的身体越低，他们就跳得越高；在篮下突破时的爆发力越大，在面对防守时就能获得更快的速度，从而很好地对球提供保护，"站立和移动时都降低身体重心"是所有球员都应该掌握的重要概念。

随时准备执行任何动作，一直保持这种基本姿势不轻松，球员必须学会使用这种有点像猴子一样的姿势。球员在保持姿势时应该使自己看上去类似使用坐姿——保持这种姿势时降低身体重心。教练应连续并及时地向球员强调这种姿势，这样能够慢慢培养球员自动形成快速姿势的习惯。球员要想提升整体速度，应该同时提高思维速度、感觉速度，进而快速地提高自己的篮球技术。对于球员来说，要测试快速姿势，一个比较好的方法是想象自己正坐在一把椅子上，头部稍稍后倾。

（一）脚部位置

在绝大多数情况下，最佳的脚部位置是站立时双脚稍微错开，脚尖略微向上，而不是笔直向前。双脚分开，与肩同宽，前脚的脚背与后脚的大脚趾处于同一条水平线上。这种姿势方便球员向任何方向移动。要形成这种脚步姿势，球员应该首先立正站好，然后向前移动惯用脚，直到脚背到达后脚大脚趾的位置，接下来再向侧面迈惯用脚，使两脚的间距与肩同宽，这样能够获得比较好的平衡和更快的移动速度。

向侧面移动，或者接球、急停、运球后急停及防守球员横向移动时，最佳的应对方法就是使用平行姿势。很多时候，球员会同时交叉使用以下两种姿势。

1. 双脚错开的姿势

双脚分开，与肩同宽，后脚稍微向上。

2. 平行姿势

双脚分开，与肩同宽，脚趾稍微向上。

（二）重心分配

应该将身体的重心均匀地进行分配，从一侧到另一侧，从前到后及两脚之间。脚后跟向下，身体的大部分重心应该置于脚掌上，虽然在感觉上似乎脚趾和脚后跟承受了更多的压力。脚趾弯曲并且脚后跟不要离开地面。

很多球员可能会错误地将身体的全部重心放在脚掌上，使脚后跟离开地面。这种姿势会使移动速度变慢，因为强力移动时，必须先将脚后跟放下来。为了让球员更好地感觉这种姿势，一个比较好的方法是让他们保持脚后跟向下，脚趾弯曲。

球员处于防守状态时，应该在基本的快速姿势中加入快速脚步的动作。快速脚步意味着保持双脚持续活动，同时两脚不能同时离开地面，这种技巧能够使腿部肌肉保持伸展状态，随时准备采取任何措施，提高防守球员的移动速度。训练快速脚步时，球员可以想象自己正站在很热的地面上，但双脚不能同时离开地面。无论是进攻还是防守，执行快速姿势时必须将身体重心置于整个脚上。

（三）头部和躯体的姿势

为了获得更好的平衡，球员应该将头部置于身体重心的中央位置——三角形区域的顶点，双腿均等地置于两侧，双脚之间呈横向的直线。头部居中，重心由前向后，身体竖直，肩膀后倾，躯体垂直并稍微前倾。背部挺直，胸部向外，头部位于膝盖后方，呈坐立姿势。

（四）胳膊和腿部

指导球员学会保持他们的关节部位处于弯曲并随时待命的状态，以便获得更快的速度。进攻球员可以通过弯曲关节部位并使球贴近自己身体的方式加快自己的进攻节奏，投篮时将投篮手置于球后，并采取三威胁姿势，随时准备投篮、传球或者快速突破。防守球员可以加快自己的防守节奏（移动），即弯曲关节部位，缩短手臂距离（屈肘）使其贴近身体，同时在步法中加入快速脚步的动作。为了获得平衡和更快的速度，球员应该保持手部和臂部弯曲，使其贴近身体。每只脚的脚底必须全部接触地面。提醒球员保持身体处于较低的位置——腿后部的膝关节的角度应该处于90°～120°，这样能够保持身体重心处于较低的中央位置，进而获得更快的速度和更好的平衡效果。

（五）快速姿势的要点

1. 执行动作前做好准备工作：双脚和双手处于待命状态。

2. 保持全身各个部位的关节处于弯曲状态。

3. 移动和静止时身体保持较低的位置。

4. 使自己处于快速姿势状态。

5. 抬头、挺胸、后背挺直。

6. 保持身体重心处于整个脚部，脚后跟向下。

二、快速启动、迈步、转身和急停

进攻和防守时，要想快速有效地执行快速姿势的动作，需要使用启动、迈步、转身及急停等基本技术。指导球员每次都能在正确的时间点上快速准确地执行这些动作。球员需要在开始时缓慢训练这些技术，首先获得执行这些技术的感觉和节奏，然后加快执行速度，直到出现错误。球员可以从错误中获得经验，进而学会按照比赛节奏去执行这些技术。

在篮球运动中，球员的整体速度是重要的，但是没有敏捷性重要。教练应该努力提高每个球员的敏捷性。快速思考并快速执行，应该成为每个球员孜孜不倦的追求。

（一）快速启动

执行快速姿势时，启动是球员必须首先掌握的一项技能。要做到快速启动，球员应该将身体重心移动到想要移动的方向。例如，想要向左侧移动时，将身体重心移动到左脚上并向左侧倾斜。头部是获得平衡的关键部位，在移动身体重心时，它一直扮演着引导者的身份。

要在执行动作时获得及时快速的效果，球员必须牢记，所有运动上的改变都是由地面开始的。这意味着快速改变运动方向，或者快速启动时，需要使用短小快速的步伐。指导学员尽可能地保持他们的双脚与地面接触，并借此使自己在比赛中获得优势。

1. 前脚（引导脚）先移动

从基本的姿势开始，球员应该将身体重心转移到想要移动的方向，离身体最近的脚先迈步。例如要向右侧移动，首先使用右脚迈步；要向前移动，首先使用前脚迈步。需要将更多的注意力放在球上时，球员经常会使用这种技巧。有时，使用后脚迈交叉步朝想要移动的方向跑动或者弹跳更加快速，尤其是防守球员被对手晃开并且必须快速回位的时候。

2. 防守快速启动

防守时，球员应该使用滑步运动的方式，保持双脚的间距与肩同宽，使用短小快速的拖曳步伐。这种技巧被称为"推步"或迈步并滑步的运动方式。前脚借助后脚蹬地产生的力量首先朝目标方向迈步，迈步时使用短小快速的步伐。执行推步时，力量来自后脚蹬地所产生的力量，后脚将身体和身体重心移动到前脚上，然后快速拖曳后脚并再次获得基本姿势，而不是将双脚放在一起。球员应该自始至终使双脚处于分开的状态：迈步并滑动，降低身体重心，使双脚分开，同时身体不能过低，双脚的间距不能过宽。无论是引导步还是拖曳的滑步，都应该使用短小的步伐（50厘米左右），站立时降低身体重心，双脚的间距要足够宽。

球员应该学习如何在防守时执行启动，以及如何向侧面、前面、后面和对角线方向滑步的方法，保持头部处于水平位置。头部如果向上移动，则表明球员由站立状态跳起，而没有使用推步或者滑步来保持原有的姿势。这种跳跃方式被称为"小兔跳"，身体处于空中时双脚并拢，从而失去了地面所提供的优势，是一种对时间和空间的浪费。因此，头部必须处于水平位置。球员可以想象自己执行推步移动时头上顶着一个盘子，以此来提醒自己将头部保持在水平位置上。

3. 进攻快速启动

进攻时，持活球的球员可以通过先迈前脚的方式快速从三威胁姿势启动。持活球移动时，进攻球员应该建立一个永久中枢脚（PPF）及一个永久迈步脚，以这种方式运球突破，越过防守球员。使用PPF，球员可以使用迈步脚快速启动。这些活球移动被称为"直接突破"及"交叉突破"。

4. 快速启动的学训重心

（1）进入或者保持快速姿势，准备启动。

（2）学会利用地面优势；启动时保持双脚紧贴地面。

（3）将身体重心转移到目标方向并首先使用头部作为引导。

（4）启动时降低身体的高度并移动双臂（用双臂来引导动作）。

（5）遵循前脚（引导脚）优先的原则。

（6）持球执行直接或交叉突破时，朝篮筐方向直线迈出较长较低的一步。减少横向移动的动作。

（7）执行防守滑步时，可以使用推步技巧。使用滑动的移动方式，而不是跳跃，同时要保持双脚之间有足够大的距离。迈步和滑步，降低身体高度并保持足够宽的脚间距：推（后脚发力）、迈步并滑动。

（8）启动并直线移动。

（二）快速步

快速步是一种基本的运动变换形式，它允许球员加快比赛节奏并执行相应的进攻和防守策略。执行快速步时，需要对速度、步伐及方向角度做出变换。快速步需要在正确的时间点上及时地由慢到快进行移动。

1. 变速和变向

变速步，包括以不同的速度跑动或者滑动，是非常重要的身体控制技术，其目的是在正确的时间点上运用速度的概念。例如，进攻球员可能以一般的速度跑动或者运球，然后突然加速通过防守球员。相反，防守球员可能在滑动时突然加速占据进攻球员的前进路线，以便阻止后者继续移动或者对其进行抢断。

变向步同样是在正确的时间点上运用速度的概念。处于奔跑中的进攻球员需要转换执行防守时，他们可以使用跨步急停的方式停止，然后执行180°变向并向相反的方向快速移动。V形切入，既可以用于进攻，也可以用于防守，是以90°的角度执行变向步，切入时比较缓慢，然后快速执行变向移动并快速向外切出。根据使用方式的不同，V形切入也称为L形切入、7形切入或假动作突破移动等。

2. 活球移动

对于接球后还没有执行运球的球员来说，可以使用快速步移动，这称为活球移动。以快速姿势开始，活球移动的目的是使持球的进攻球员通过运球突破快速通过防守球员。进攻球员先做一个较长较低且速度较快的迈步，向篮下直线移动以便通过外线的防守球员。从规则上讲，持球的进攻球员需要使自己的头部和肩膀通过防守球员的躯体，目的是在迈第一步时以不犯规的方式获得优势。接下来，进攻球员试图与防守球员在靠近臀部的位置接触。这样，运球突破穿过防守球员时能够保持位置上的优势，同时还能迫使另一名防守球员过来进行协防，这样就创造了二打一的进攻优势。

3. 活球移动的学训重心

（1）由进攻快速姿势或三威胁姿势开始。

（2）直接突破。首先使用前脚迈出较长较低的一步，以直线路径通过防守球员。突破球员必须首先抢占先机，迈第一步使自己的头部和肩部通过防守球员，然后再以第二步确定胜局。

（3）交叉突破。在身体前方两个腋下之间移动护球。在球后换手的时候，脚步无需做假动作。使用迈步脚直线做一个较长较低的迈步，向与防守球员相反的方向突破通过防守球员，所有这些都是在第一步中完成的。

（三）快速转身和旋转

转身，或者称为旋转，是指球员在保持基本姿势或者快速姿势的同时，以一只脚为轴转动身体。旋转时应该将身体重心的60%放在中枢脚上，轻抬旋转脚的脚后跟并绕脚掌进行旋转。进攻球员应该使用PPF和固定迈步脚，他们处于持球状态下时更是如此。

作为所有启动运动转换的基本技术，转身或旋转是非常重要的能够获得速度和平衡的方式，但同时它也是篮球运动中球员使用最少且掌握最差的技术之一。

1. 快速转身技巧

可以使用任意一只脚作为旋转中枢来转动身体，但是持球时建议使用PPF。朝前转动身体时，绕中枢脚向前转动躯体——成为前转身。相反，后转身就是球员的背部向后转动。

要点提示：要达到快速转身的效果，需要保持头部处于水平位置，使用肘部来引导转身动作（后转身），直接强力转身或者使用肘部引导转身（前转身）。

进攻球员必须学会执行有球及无球转身，持球球员被严密防守并且想要面向篮筐时，通常使用非主导脚后转身，尽管有些教练更喜欢前转身的方式。防守时，球员从一个方向转换到另一个方向及抢篮板球时，可首先执行转身动作，有时这种移动方式被称为"摇摆步"。

2. 快速转身的学训重心

（1）使用较低的基本姿势，头部处于水平且较低的位置，以便获得更快的速度。

（2）使用迈步脚一侧的肘部引导转身动作（后转身）或者强力转身（前转身）。

（3）保持双脚分开，与肩同宽，以便获得更好的平衡。

（4）保持身体的平衡并抬头。

（5）转身时尽量快速并准确。

（6）以中枢脚为轴转动半圈；如果需要，可以转动更大的角度。

（7）面对严密的防守时，可以使用后转身使自己面向篮筐。

（8）持球时，可以使用前转身或后转身使自己面向篮筐。接球时和开始运球前，首先接住球，再使用前转身或后转身使自己面向篮筐。

（四）急停

要想快速获得平衡并保持对身体的控制，球员必须能够使用快速姿势，准确快速地启动、快速移动及以平衡姿势急停。一次急停和两次跨步急停是两种得到广泛推荐的篮球基本停球方式。

1. 急停

在大多数情况下，急停是一种被广泛使用的停止方式，它一般在跑动或者滑动动作的末尾执行。急停与跳步急停的概念并不相同。跑动时，如果要急停，球员需要一只脚稍稍跳起并掠过地面，然后以平行或者略微错开的脚步落地，落地时使用"软脚"落地方式。双脚同时接触地面，使用一只脚起跳并掠过地面，然后两只脚同时落地。

急停能够节省时间和空间，可以用于防守和进攻的过程中；它是对快速转身的补充，是身体控制和移动的基本技术之一。篮球运动的规则允许持球球员在急停后使用任意一只脚执行转身动作。这使球员能够在保证控制和平衡的基础上拥有更多的移动选择，还能避免球员在选择错误的中枢脚时身体跟随球移动的情况。急停非常重要，它能够使球员立即进入快速姿势，以便接到传球后执行投篮、传球或者运球的动作。急停落地时的要点，是双脚触地时要非常柔和，也就是落在整只脚上，同时稳稳地停住，但动作要轻柔并保持自己处于平衡的姿势。

2. 跨步急停

跨步急停，是一种分次进行的停止动作，后脚落地，前脚立即向后方触地。球员向前面跑动并需要反转方向时，一般使用跨步急停的停止方式。在其他情况下，球员一般会使用急停的方式。执行跨步急停时，球员应该将身体重心保持在身体后部，置于后脚上。

3. 急停与跨步急停的学训重心

（1）跑动过程中，除了执行180°变向使用跨步急停外，其余情况使用急停的停止方式。

（2）执行急停时，双脚柔和地落地。

（3）急停时，一只脚先起跳，然后双脚同时以快速姿势落地。执行时，保持双脚贴近地面。

（4）执行跨步急停时，降低身体的高度并将身体重心放在后脚上。球员跨步急停后持球转身时，必须以后脚为中枢脚。

（5）大多数时候，应该选择急停的停止技巧，尽管一些教练更推崇快步急停的方式，即后脚稳定落地，使用迈步脚执行旋转动作。

三、快速起跳

跳跃是篮球运动中一种非常重要的技能。

提高跳跃技术的基本原则包括保持快速姿势并随时准备起跳，这样能够保证在任何情况下都能快速起跳，提高腿部肌肉的力量，也能够使球员跳得更高。教练应该通过持续的训练来帮助球员增强腿部肌肉的力量，同时帮助球员提高他们的跳跃技巧。

跳跃后的落地方式决定了球员立即进行下一次起跳的速度和高度。最好的落地方式是以快速姿势落地且双脚分开以保证良好的平衡，这样球员才能够进行有准备的再次起跳，并获得良好的平衡和速度，球员最初学习使用双脚和双臂进行跳跃，这时是教授他们有关身体姿势和控制的最好时机。

（一）双脚强行起跳

与移动中的单脚起跳相比，双脚起跳速度较慢，但是具有更好的稳定性。球员聚集在一起或者在严密的防守下强行上篮时，双脚起跳是最佳的跳跃方式。由平衡姿势双脚起跳速度较慢，但非常稳固。强行起跳的跳跃位置，双臂随时准备向前和向上强力移动。

起跳前，起跳脚应该采用稳固的姿势，使腿部肌肉获得最大的收缩效果。条件允许时，球员应该善于利用跑跳时产生的向前的惯性，在具有足够的时间和空间时，借助强力的起跳和向上挥动手臂来增加身体的动力。

绝大多数情况下，要想成功抢到篮板球，需要使用双脚强行起跳的方式。最优秀的篮板球球员在使用这种起跳方式时，通常会双手和双脚并用——2+2篮板球。在教授这种技巧时，可以将两个关键点结合在一起进行讲解——起跳时高举双手并抓紧篮球，以及双脚分开并稳固落地。

（二）快速起跳

快速起跳是在节省时间和空间与保持身体姿势和控制之间最佳的折中方式。球员聚集、身体接触或者跳抢篮球时，可以使用快速起跳的方式，争抢篮板球时，通常会进行重复连续的快速起跳。在执行快速起跳之前，双手应该举过头顶，上臂几乎处于水平位置，前臂处于垂直位置；执行双脚起跳时要结合使用双手，不借助惯性而由快速姿势开始起跳动作。

连续快速起跳的要点是借助环形移动来增加快速起跳时手臂的动力，由准备姿势开始，双手呈环形，稍稍向下、向内，然后向上移动。

（三）单脚起跳

要在移动时获得最大的起跳高度，使用一只脚起跳是一个很有帮助的选择。球员应该学会如何执行单脚起跳，这样他们在执行带球上篮时就能朝着篮筐或者篮板位置跳得更高。执行单脚起跳时要注意使用正确的姿势，起跳脚需要保持稳固，抬起另一只脚或膝盖，尽量向高处跳，稳固起跳脚，另一条腿做出垂直向上而不是横向的跳跃。投篮手和同侧膝盖应该紧密配合，就像在一根绳子上一样，二者向上移动。

（四）起跳的学训重心

1. 准备起跳：进入快速姿势，起跳并以快速姿势落地。

2. 执行强行起跳和快速起跳，大多数时候，尤其是争抢篮板球时，使用双脚和双手一同向上移动的方式（2+2起跳）。

3. 无论何时，尽可能使用手部环形姿势的快速起跳方式，这样对后续的连续起跳非常有利。

4. 想要获得足够的力量，以及较好的平衡和控制，可以使用双脚起跳的方式（2+2篮板球）；要获得较大的速度和高度，可以使用单脚起跳的方式（带球上篮）。

5. 时间允许时，可以借助向前跑动及向上摇摆手臂时产生的动力。

6. 执行跳投时，可以使用急停和快速起跳的方式。

7. 要获得最大的起跳高度和速度，可以使用单脚起跳的跳跃方式。

（五）问题解答

学习和教授身体基本控制移动技术时，大多数问题出现在平衡和速度这两个方面，执行速度过快会导致失去平衡。开始学习时，球员应该先慢慢模仿教练的演示并获得移动时的正确感觉（获得节奏感）。然后，他们可以不断提高执行速度，直到出现错误为止。球员应该知道并承认自己存在的错误，然后纠正这些错误并从中获得经验教训。

四、基本的身体控制训练

这些训练可以帮助球员提高并保持篮球运动中的基本运动姿势，如快速姿势及指导球员如何在篮球比赛中移动和急停训练的理念，使球员在保持控制的前提下，能够平衡快速地移动。只有通过正确的技术训练，才能在比赛中获得成绩并达到自己的目标。

（一）快速姿势检验

目标：提高对各种基本姿势的认知，能够快速进入并保持基本姿势。

准备：半场场地（最低要求）。

步骤：球员在篮球场地上面向教练分散站立，按照指导进入某种基本姿势并保持这种姿势，教练在球员保持基本姿势时对其进行检验。球员进入快速姿势时需要保持快速敏捷的思维，对准备命令做出快速反应，还要知道快速姿势的外观及如何进入并保持快速姿势。

学训重心：

1. 采取坐立站姿，头部位于膝盖后方。

2. 将身体重心置于整只脚上，脚尖稍微向上。

3. 降低臀部位置，挺胸，背部挺直。

4. 使用防守快速姿势时，增加快速脚步动作。

5. 使用防守快速姿势时，使球贴近身体来护球。

（二）镜前快速姿势检验

目标：通过建立正确姿势的认知，对自己的姿势变换进行自我评估。

准备：一面镜子。如果没有镜子，也可以找一位搭档一同训练。

步骤：每名球员在镜子前面检验全部的姿势变换动作，每种姿势至少保持5秒钟。

学训重心：

1. 教练和球员需要将脑海中的目标想法与实际动作保持一致。

2. 采取坐立站姿，头部位于膝盖后方。

3. 将身体重心置于整只脚上，脚尖稍微向上。

4. 降低臀部位置，挺胸，背部挺直。

5. 使用防守快速姿势时，增加快速脚步动作。

6. 使用防守快速姿势时，使球贴近身体来护球。

（三）综合快速移动训练

目标：提高对各种基本姿势的认知，能够快速进入并保持基本姿势。

准备：半场场地（最低要求）。

步骤：球员在篮球场地上面向教练分散站立，按照指导进入某种基本姿势并保持这种姿势，教练在球员保持基本姿势时对其进行检验。球员进入快速姿势时需要保持敏捷的思维，并对准备命令做出快速反应。

教练需要对每名球员进入快速姿势及执行快速姿势的技术要点（身体重心置于整只脚上，所有腿部和臂部关节弯曲，抬头并让头部居中，背部挺直及挺胸）的能力进行评估。检验球员姿势的外观并通过推动球员的肩部区域（向前后左右四个方向）来检验他们的平衡能力。

球员根据教练的命令执行各种基本的快速移动动作。

1. 活球直接移动和交叉移动

活球直接移动和交叉移动的学训重心：

（1）以三威胁姿势开始。

（2）强调速度和平衡，减少不必要的运动。

（3）使用较长较低的步伐通过想象中的防守球员。

（4）采取直线进攻方式，并与想象中的防守球员进行身体接触。

（5）使用命令：直接突破、长并低、前进；交叉突破、抓紧（球）、长并低、前进。

2. 快速起跳和强行起跳

快速起跳的学训重心：

（1）快速起跳时双手呈环形姿势（保持手臂向上及合适的肘部角度）。

（2）快速起跳，落地时做好重复起跳的准备。

（3）手臂下沉呈环绕姿势；强行起跳时用手臂的伸展带动腿部的伸展。

（4）命令：快速起跳姿势，跳。

训练强行起跳时，可以添加一个想象中的球及2+2篮板球动作。向上跳起，双腿靠近，落地时保持足够大的双脚间距。

3. 急停

向右迈步并执行急停动作，向左迈步并执行急停动作。

急停的学训重心：

（1）落地时稳固柔和。

（2）一次落地。

（3）以平衡的快速姿势落地。

（4）命令：右脚迈步、移动；左脚迈步，移动。

重复半转身动作并增加转身速度，直到出现错误为止。

4. 快速转身

快速转身的学训重心：

（1）前转身——手部引导。

（2）后转身——肘部引导。

（3）降低头部高度并保持在水平位置。

（4）命令：前转身、移动；后转身、移动。

（四）列队训练：快速起动、迈步、转身和停止

目标：提高起动、转身和停止的技能。

准备：全场场地。

步骤：将所有球员分成4个组，站在场地一侧的底线后面，教练站在场地中间。教练负责喊动作选项，球员根据教练指令执行相应的动作。教练可以使用5米左右的罚球区做参考，来指导球员领会进攻中的空间和时间概念。教练与第一组球员一同起动；距离前面的球员5米左右最佳距离时，下一组球员开始起动。

动作选项：

1. 快速起动

所有球员从快速姿势开始使用快速起动技巧。球员进入场上时，应该以快速姿势做好准备。

2. 顿步

从一侧底线开始，移动到另一侧的底线，其间保持双手高举并使鞋底与地板发出摩擦声。善于利用地板，使之成为自己的优势；使用短小快速的步伐。

3. 变速移动

快速起动后，交替进行两次或者三次快速和慢速移动。尽量快，并使用不同形式的步伐。

4. 急停

在罚球线处、中场线及对面的罚球线处执行急停动作。

5. 快速转身

急停后执行完整的前转身和后转身。

6. 余光慢跑

4名球员同时以半速慢跑，眼睛在注视远处篮筐的同时，使用眼角的余光与两侧的队员保持在同一条水平线上。

7. 跨步急停

两脚做跨步急停，并执行180°变向。

8. 连续跨步急停

连续向前和向后移动，从底线到罚球线（跨步急停并转身），回到底线（转身），从底线到中场线（转身），回到罚球线，然后到对面的罚球线，回到中场线，然后到对面的底线。

9. 间距慢跑（一种也可以用于变速移动中的更加高级的技术）

第一组4名球员听到命令后以自己的速度开始移动，与领导球员保持等距。距离前面的球员5米左右时，队列中的下一个球员开始移动并始终与前面的球员保持这一距离。用于变速移动中时，间距慢跑是一项比较有挑战性的任务。4名球员从左至右保持在同一条直线上，并与前面的队列保持5米左右的间距。

教练可以在球员处于任何急停姿势时叫停，让其保持姿势不动，以便检查球员的姿势是否正确，并对存在的错误进行纠正。球员可以模拟运球动作或者做无球疾跑（防守时）。如果使用防守急停，两只脚需要一直保持活跃状态。

教练还可以进一步与球员进行哨声停止训练：4名球员先起动，每次听到短哨声时做跨步急停动作，然后返回并疾跑，直到下次哨声再次响起。第二组球员在第一组球员后，第二个哨声响时开始起动。一直持续这种训练，直到一名球员到达对面的底线并且所有球员都已上场训练过。这是一种非常好的训练方式。

学训重心：

1. 每个循环（往返）中都采用不同的移动方式。

2. 每一个队列的第一名球员应该在底线处采取快速姿势站好，做好移动的准备。球员要按照教练的指导和命令采取相应的动作。

3. 开始移动时，球员横向和纵向之间应该保持相等的距离。

4. 除非另有指示，否则处于后面的一组应该在上一组到达罚球线附近时开始移动。

5. 所有的组都移动到对面的底线处并重新整队，第一组采取快速姿势并准备返回。

6. 回顾起动、迈步、停止及转身的要点。

（五）队列训练：快速起跳

目标：提高争抢篮板球和投篮时的跳跃技术。

准备：半场场地（最低要求）。

步骤：4列球员站在底线处，教练站在中场附近。可以在一次完成的往返循环中加入快速起跳的动作。第一波球员听到"前进"命令时，从基本姿势开始快速向前移动。无论何时，教练在做拇指向上的手势时，球员都应急停并快速起跳。在教练再次做向前跑动的手势之前，球员需要在原地不断重复快速起跳的动作。前面的组再次向前跑动后，底线处的下一组开始从基本姿势向前跑动。不断以这种模式重复训练，直到所有的组全部到达对面的底线处为止。教练必须始终位于球员的前面，这样所有的球员才能看到他做出的手势。可以选择分别在罚球线、中场线及对面的罚球线处执行三次快速起跳的动作，也可以分别在罚球线、中场线、对面的罚球线及对面的底线处做强行起跳抢篮板球和颌下持球（双手持球置于颌下）的动作，每个全场可以执行4次这种动作。

学训重心：

1. 执行快速起跳时手部呈环形姿势。

2. 快速起跳，落地时做好再次起跳的准备。

（六）列队训练：争抢篮板球时的起跳和转身

目标：提高争抢篮板球时的跳跃技术。

准备：每队一个篮球。

步骤：每个队的第一名球员持球向前迈步。通过使用基本的起跳技巧，球员向前面高抛篮球，使用2+2的抢篮板球技巧抢球并置于颌下。以快速姿势落地时，球员的肘部应该抬高并朝外，以便保护篮球。接下来，执行后转身并迈步将球传给队列中的下一名球员。

学训重心：

1. 手臂呈环形并下沉的姿势；强行起跳时，使用手臂的爆发移动来带动腿部的爆发。拿到球后将球置于颌下护球。

2. 后转身：转身时以肘部引导，使用PPF的方式。

3. 保持身体处于较低的水平位置。

（七）列队训练：快速姿势、起动、迈步、起跳、转身和停止

目标：通过训练如何在正确的时间点上快速准确地执行所有技术，来提高身体控制移动的能力。这是一种理想的热身训练方法。

准备：全场场地。

步骤：球员分成3列或4列站在底线位置。教练站在中场位置并做半场或者全场身体控制移动的命令。球员进入并保持快速姿势，在教练的指示下以较低的体位执行各种动作。教练可以在训练过程中检查球员基本身体控制移动的能力。

学训重心：

1. 强调每种具体技术正确的技术要点。

2. 使用进攻快速姿势执行各种动作。

（八）列队训练：起动、停止和转身

目标：本训练是为了通过全面的热身训练，来提高快速姿势、快速起动、急停、快速转身及无球传接球技术。

准备：底线到罚球区顶点之间的区域。

步骤：球员分成4列站在底线位置，每列至少有两名球员。听到"准备"命令时，每一列队的第一名球员踏入场地，并进入无球快速进攻姿势（想象中的三威胁姿势）。开始训练时，教练需要喊出"直接突破""前进"或者"交叉突破""前进"的命令。第一名球员使用惯用手运两次球，模拟运球突破的动作，然后执行急停动作（将球置于颌下并采用三威胁姿势）。接着执行后转身并模拟单手传球的动作。队列中的一名球员采用快速姿势，双手置于两侧的肩膀附近，为想象中的传球提供两个目标。接下来，做双脚滞空、双手接球的动作，重复直接突破动作。然后教练喊出交叉突破、运球和传球的命令。对于右手为惯用手的球员来说，移动时需要执行交叉突破到左侧、左手运球、急停、PPF后转身及使用非惯用手做单手传球的动作。在教授和检验了传接球技术后，教练在训练中加入篮球并进一步训练起动、停止和转身的动作。使用非惯用手进行身体控制移动训练时，训练的数量应该是使用惯用手时的3倍。

学训重心：

1. 传球：双脚在地面上时传球；迈步传球；为特定目标快速传球；传球时使用夸张的跟随动作。

2. 接球：双脚离地接球；接球时干净利落；接球时采用快速姿势。

3. 强调起动、迈步、停止和转身时的技术要点。

第二节　高级身体控制

篮球技术是篮球运动的基础，它是篮球教学的重点，其中包括学习如何进行无球跑动。

对教练来说，最难的教学任务就是指导球员如何在不持球时进行移动（篮球运动的焦点）。进攻时，球员80%的时间都在进行无球跑动。

很多教练发现众多年轻球员在进攻时经常过多地被篮球所"吸引"，并总是想获得篮球。教练必须花时间指导球员如何进行无球跑动，并在进攻时掌握足够的进攻距离和正确的进攻时机，这些与持球移动同样重要。教练可以帮助球员，激励他们有目的地进行无球跑动，明白距离和时机是团队进攻中成功的关键。

一、无球跑动的概念

要有效地进行无球跑动，球员在场上必须掌握并牢记一些特定的基本技术。

1. 保持机敏并牢记所有的移动都是以地面作为起点的。

2. 移动时保持干净利落、平衡和速度。

3. 要有目的地移动，掌握合适的距离和时机。球员必须注意队友的移动，并持续关注整个球队的进攻策略。

4. 解读防守情形和球的位置。所有的个人移动都必须遵从整个球队的状况，并与篮球的移动、位置及对手的防守队形息息相关。要通过移动到场上的无人区域使自己获得空位，以便接队友的传球。

5. 在切入或者移动时，使用声音或手势与队友进行交流。球员在场上不能过多地进行语言上的交流。

6. 获得空位或者外切。无球跑动的基本目的是让自己获得空位，以便接队友的传球。因此，比赛中要尽量让自己获得空位；如果无法获得空位，可以向外切，并保持5米左右的距离。

7. 获得空位并采用完美的接球姿势。一般情况下，球员与控球队友的距离在5米左右。理想情况下，这个距离可以允许球员获得传球、投篮或者运球等多种选择。接球时面向篮筐，或者在接到球后通过转身动作使自己面向篮筐。在指导前场进攻球员执行接球后面向篮筐的技巧时，可以遵循以下步骤：篮筐（眼看篮筐准备投篮，同时看到前面的地面）、低位（观察内线，寻找为低位队友传球的机会）、行动（传球或者向篮下突破）。努力使球员养成在场上自动按顺序执行这些步骤的习惯。球员每次接到球后都应该选择"篮筐—低位—行动（RPA）"的步骤。

8. 使自己成为演员。无球跑动是一种发生在进攻和防守球员之间的持续竞争方式。通过使用逼真的假动作让对手猜测自己的下一步动作来设置诱饵，以便迷惑防守球员。

9. 摆脱防守球员。移动到防守球员的视线之外，并迫使他们执行转头动作。大多数防守球员都会背对篮筐并且眼睛注视在篮球上，因此进攻球员可以移动到防守球员后面的底线位置，使自己远离篮球。这个位置是完成切入的最佳位置，因为防守球员很难预测到你的移动位置。这种技巧在破解区域联防时特别有效，因为防守球员会将注意力放在篮球上。

11. 迎球跑动

移动去接队友的传球时，球员应该朝着传球方向迎球并保持空位状态，也可以在防守球员前面突然转攻为守跑动，或者在防守球员后面执行背后切入动作，使自己先于防守球员抢到球。

11. 靠近并获得空位。这种方式有悖于常规的思维方式，因为球员会错误地认为可以通过远离防守球员的方式使自己获得空位。实际上，靠近防守球员，然后快速离开获得空位的方式更加有效。这种有效的移动方式允许进攻球员先于防守球员执行某个动作，而防守球员还需要一定的反应时间，因此进攻球员的速度更快。有效的假动作V形切入或L形切入通常是一种由慢到快的移动方式。

12. 应用以上概念时，保持适当的距离，同时选择正确的移动时机。

二、基本的无球跑动或步伐

基本的无球跑动需要球员通过有欺骗性的假动作来迷惑防守球员。进攻球员需要在开始时使用缓慢的动作并保证动作的规范性，然后不断加快速度，直到可以掌控比赛节奏。

（一）V形切入

V形切入，这种跑步可以迷惑对手，整个过程的路线就像一个V字形一样。执行V形切入时，需要将身体重心放在与目标移动方向相反的那只脚上（臀部下沉进入切入姿势），引导脚在前，使用另一只脚执行迈步动作。例如，使用右脚蹬地发力，而左脚向左侧迈步。通常情况下，V形的一侧是朝篮筐方向移动、远离篮筐或者朝防守球员移动。V形的另一侧是快速变向切入以获得空位。初学者也可以在做假动作时使用短小的顿步，然后以合适的角度快速发力迈步。在指导年轻球员执行V形切入动作获得空位时，可以使用"假动作突破"这一术语。V形移动的第一部分是朝篮筐或防守球员移动，执行这一动作时应该选择较慢的速度，然后快速执行V形移动的最后部分（切入）以便获得空位。突破时，双手朝移动的方向移动。球员设立掩护或者准备投篮时，需要执行突破移动。通常情况下，突破移动时朝球移动，也可以是朝着篮筐移动，如对手防守时执行的背后切入移动。V形切入是一种以60°～90°快速变向的切入方式（角度为90°时，称为L形切入）。

背后切入是一种重要的移动方式。在距离篮球5米左右，防守球员占据传球路径时使用。要执行这种移动，切入球员需要先靠近获得空位，并执行由慢到快的V形切入或L形切入，直接向篮下移动（切向篮筐），同时在做假动作时使用外侧手进行交流（手臂向下并握拳），突破时则使用引导手与队友进行交流（张开手掌，手臂处于水平位置）。这种移动方式进行了清晰的描述：切入球员通过V形切入的方式从内向外移动时，仍然处于对手的防守之下，切入球员需要通过假动作吸引防守球员并示意队友将要做假动作，同时与传球队友保持5米左右的距离，以便在外线创造足够的空间，进而执行背后切入的动作。球员在做背后切入时应该果断快速，并且永远不要做背后切入的假动作，因为这样通常会使传球队友产生迷惑，进而导致丢球的情况发生。

（二）前切和后切

V形切入有很多种类型，球员已经将球传给队友并想切到篮下寻找接队友回传球的机会，进而破解对方的防守时，可以使用这些类型的V形切入方式。传切配合是最有价值的进攻移动方式之一。传切配合是篮球运动中最先发展出来的两人进攻移动方式。它分为两种形式：一种是广泛使用的前切，这种形式允许进攻球员在防守球员前面接球；另一种是后切，这种形式能够让进攻球员切到防守球员后面以便获得上篮优势。前切使用V形破解防守，后切则是通过变速或者由慢到快的移动方式执行直接的直线切入。无论前切还是后切，都是朝着篮筐方向执行切入，并且结束于篮筐前面。执行切入时，前手或引导手置于前面呈水平状态，以便向传球球员示意自己的意图（切入时使用手势进行交流）。

（三）假动作移动

假动作移动是一种基本的移动方式，用于打乱防守球员的防守思路。例如，分散防守球员的注意力，使其不能针对控球球员实施协防或包夹防守。让球员学会做各种迷惑性的假动作，可以使用欺骗性的眼神、夸张的身体动作，以及其他视觉和听觉动作来误导防守球员。

（四）投篮移动

进攻球队出手投篮且篮球位于空中时，每一名进攻球员都应该争抢篮板球的位置，或者根据自己的位置和角色准备执行防守任务。投篮之后，球员需要果断地做出决策，而不是站在原地观察篮球。观众才是观察篮球的人，而球员需要不停地跑动并随时做好投篮不中的准备，抢篮板球或者回防，在每次进攻中都做好自己的本职工作。

（五）指派移动

指派移动是指在特定情况下，根据战术需要为单个球员指定某种移动切入动作。教练可以为球员指派抢篮板球、跳球、界外球、罚球及队形设置等任务。所有的球员必须在正确的时间快速准确地执行指派给自己的任务，这一点是非常重要的。距离和时间的掌握是跑动过程中两个基本的要素。

三、掩护跑动

通过设立和使用掩护使队友获得空位，进而执行传球或者突破，是一种无私的团队跑动方式，同时也是基本的个人进攻技术。

（一）掩护的类型

掩护可以按照以下几个方面进行分类：位置（有球掩护或者无球掩护）、使用类型［背后掩护（背对篮筐），在防守球员后面或盲区设立掩护和向下掩护（背对篮球），在掩护球员前面或侧面设立掩护］、用于掩护的身体接触类型。

教练应该培养属于自己的有效的掩护理论：针对某个特定位置或者场上区域的掩护（位置掩护），或者针对防守球员的掩护（球员掩护）。对于进攻球员来说，球员掩护通常更为有效，但是这种方式也可能导致更多违规或非法掩护行为的发生。

（二）设立掩护

设立掩护是一种基本的移动方式：球员应该执行声音较大、速度较快的急停动作，双脚分开并与肩同宽，双手置于掩护之外。应该在防守球员想要移动的路径的垂直方向设立掩护；掩护力量要足够大，使防守球员能够看到并听到掩护的存在。设立掩护的球员应该发出较大的声音、降低身体高度并使用合规的动作——执行急停动作后采用快速姿势——设立掩护及与防守球员接触时能够被他人听到。球员应该降低身体高度，并做好与对手进行身体接触的准备。合规的掩护动作包括使用正确的姿势及合规的手部动作。向下掩护可以身贴身设立，但是背后掩护会给防守球员留出至少一步的变向空间。为了避免违规的手部接触动作，球员应该用一只手紧握另一只手的手腕，并将双手置于身体前面的关键部位。对方防守能力比较强时，切入球员通常会被阻挡，而掩护球员却能在对方执行换防或者协防时获得空位机会。

还存在其他几种掩护方式：防守球员比较分散时，可以使用向下掩护；防守压力较大或者防守球员实施密集防守时，可以使用背后掩护；防守球员密集站在内线时，可以使用向外掩护。需要随时做好与防守球员进行身体接触以便对其进行阻挡的准备。球员还应该通过手势或声音信号提醒队友掩护的存在。

（三）使用掩护

难度最高的掩护技巧是通过执行朝篮筐方向移动的V形切入，来吸引防守球员进入掩护中，一个重要的要素是要耐心等待掩护的设立。教练应该指导切入球员耐心等待，只有设立掩护的球员喊"前进"后，才开始执行V形切入动作。

球员执行切入动作时应该尽量靠近掩护球员，以便使自己与其进行肩部接触。远离篮球执行掩护时，球员通过掩护时应该降低身体高度并将双手举起准备接球。进攻球员进行突破，通过掩护球员时应该双手上扬。在有效的掩护战术中，时间掌控是一个非常关键的因素。球员在执行移动动作前，必须先等待掩护被完全设立，并观察防守球员的位置，以便做出正确的反切动作。

对于设立和使用掩护的两名球员来说，他们都有得分的机会。切入球员在等待时观察防守球员的位置，然后执行相应的切入动作使自己获得空位。例如，如果防守球员试图通过掩护，那么掩护球员可以相应地向外切（执行外线投篮）。这样，切入球员可以获得内线低位投篮得分的机会，掩护球员则可以在外线高位投篮得分。防守球员不够果断或者技术不成熟时，切入球员通常会获得空位。当防守球员的防守能力比较优秀时，掩护球员更容易获得空位并投篮得分。

（四）有球掩护

挡拆配合是一种基本的二人配合战术，所有阶段球员都能够使用。当掩护的对象是持球球员时，可以使用挡拆战术。使用有效的挡拆战术且防守球员没有换防时，运球球员会获得投篮空位。顺序是A执行V形切入获得空位时，B传球并针对防守球员a设立掩护。这种情况下，a试图摆脱掩护却被对手阻挡，而A可以获得空位并投篮。

当控球球员设立掩护且防守球员执行换防时，设立掩护的球员可以拆到篮下并获得空位。针对掩护球员执行的挡拆配合：控球球员使用掩护时，掩护球员向后转身半圈并朝向篮下滑动，使自己位于控球球员和最初的防守球员a之间。掩护球员使用合适的后转身动作，以便将篮球一直纳入自己的视线范围内。控球球员至少运球两次通过掩护，并吸引换防的防守球员b，然后传球给拆到篮下的掩护球员。在这种情况下，掩护球员应该执行"挡拆后外切"动作——向外面移动接队友的回传球并执行外线投篮。

对于所有的掩护战术来说，如果掩护被有效地设立，那么都存在两个得分机会：如果防守球员没有执行换防，那么非掩护球员会获得空位；如果防守球员执行换防，那么掩护球员就会获得空位。对于水平较高的球员来说，应该指导他们努力寻找这两种得分机会。

在两人掩护战术中，另一个比较高级的选择是防守球员在掩护设立的早期执行换防时，掩护球员滑动掩护或执行掩护假动作，然后切到篮下。

（五）无球掩护

这是一种远离篮球设立掩护的方式，由常规掩护中的两名球员外加一名传球球员共同执行。无球掩护可以按照切入球员针对防守球员破解掩护所采取的措施进行分类。

1.掩护球员试图通过掩护时，可以使用弹切的移动方式。A传球给B，并针对离球较远、防守C的防守球员c设立掩护。如果防守方不进行换防，那么C会获得外线投篮空位。如果a执行换防，那么掩护球员A可以在对方进行换防时，闪切到球侧并执行内线投篮。通过掩护时，球员之间应该通过举起双手的方式与队友进行交流，示意队友自己即将执行切入动作。

2. 防守球员绕过掩护跟随切入球员进行防守时，可以使用曲线切入的移动方式。在第一个选择中，防守球员原地不动，切入球员获得内线投篮空位（曲线切到篮下）。如果防守球员换防，那么掩护球员A就会切到球侧并获得外线投篮空位。绕过掩护时，球员应该用向前移动的内侧手（引导手）与队友进行交流。

3. 防守球员预测到进攻球员要执行弹切动作时，可以使用闪切的移动方式。如果防守球员原地不动，那么切入球员可以远离篮球闪切到外线获得空位机会。切入球员执行闪切远离掩护球员时，掩护球员可以重新设立掩护，以便将防守球员阻挡在内线区域。如果防守球员执行换防，那么掩护球员可以向内闪切（滑动）到球侧，以便在内线获得空位机会。切入球员执行U形切入时可以使用双手向上摆动的方式示意队友。

4. 切入球员执行弹切动作而防守球员通过了掩护时，可以使用背后切入的移动方式。在第一个选择中（没有换防），切入球员执行弹切动作，但是被对方阻挡，然后使用A的背部掩护切到篮下。切入球员的移动顺序是切到篮下（向内）、弹切（向外），再切到篮下（向内）。对方没有执行换防时，切入球员移动到篮下执行内线投篮。在第二个选择中（执行换防），掩护球员A在对方执行换防时向外闪切到球侧获得投篮机会。切入球员执行向外切入动作时，使用外侧手握拳并下垂的方式与队友进行交流。背后切入也可以在不使用弹切移动方式的情况下单独使用：切入球员在朝掩护移动时等待一段时间，防守球员预测到对方的弹切动作，并没有理会掩护的存在。掩护球员喊"前进"时，切入球员快速朝篮筐执行背后切入的动作，并使用前手示意队友自己的上篮意图。对方执行换防时，掩护球员可以滑动切到罚球线区域，不要执行背后切入的假动作。

（六）无球跑动的教学要点

1. 移动时将地面作为动作执行的起点。

2. 移动时要果断。

3. 要带着目的移动。

4. 解读防守球员和球的位置并相应地做出反应。

5. 努力获得空位或者向外移动，不要原地不动。

6. 了解并使用完美的接球位置。

7. 占据主动并使用逼真的假动作。

8. 摆脱防守球员。

9. 朝着球跑动（迎球）。

10. 靠近获得空位。

11. 设立掩护时提示队友。

12. 设立掩护时使用较大的声音并降低身体高度，设立合规掩护；以快速的跳跃姿势设立掩护。

13. 在防守球员的移动路线上以合适的角度阻挡或者设立掩护。

14. 使用掩护时，等待队友的"前进"信号，使用V形切入或者快速向掩护球员移动，使自己擦过掩护（肩并肩或者适当的身体接触）。

15. 挡拆配合及有球掩护的两个选择。

16. 无球掩护切入方式：弹切、曲线切入、闪切和背后切入。

17. 每种掩护的两个得分选择：切入球员和掩护球员。

18. 执行背后切入；永远不要做背后切入的假动作。

四、无球跑动训练

这些训练是为了指导球员如何进行无球跑动中大多数具有挑战性的移动方式。尽管球员更倾向于提高自己的控球技能，而对无球跑动训练并不用心，但这项训练绝不可忽略。

（一）列队训练：无球跑动

目标：通过模拟基本的无球跑动，指导学员如何执行这些动作。

准备：半场场地（最低要求）。

步骤：球员在底线位置分成4个训练队列。每个队列的第一名球员向场上做无球跑动，想象球就位于场地的中央。

选择：

1. V形切入获得空位（朝篮下及篮球切入或者朝防守球员和篮球切入）

重复执行V形切入动作，然后急停并模拟接球动作，以这种形式走完全场。切入时双手向上进行交流。

2. V形切入获得空位，然后执行背后切入

球员应该使用合适的步法和手部动作。使用双手进行交流——获得空位时举起双手，背后切入时外侧手向下握拳并贴近身体。

3. 前切

向场地中央模拟传球动作，然后执行前切动作（V形切入，慢速离开并快速切到球侧），并在罚球线和中场线处执行急停动作，使用内侧手交叉并向上的动作进行交流。

4. 后切

向场地中央模拟传球动作，然后执行后切动作，并在罚球线和中场线处执行急停动作，使用双手向上或者前手向前的动作进行交流。

在每个罚球线和中场线位置执行急停动作。每次完成急停动作后，球员应该使用接球—面向篮筐的移动方式（急停后执行转身动作面向篮筐并观察全场局势）挑战想象中存在的防守球员。

（二）V形切入训练

目标：指导球员在二打〇和二打二的情况下执行基本的无球跑动动作。

准备：每组一个篮球和一个篮筐。

步骤：这个训练需要将球员分成两个队列，一列由后卫或者组织后卫组成，站在前面，另一列由前锋或者侧翼球员组成。

选择：

1. 一名前锋V形切入获得空位（假动作并突破），接到后卫的传球后，使用接球并面向篮筐的移动动作。

2. 后卫球员可以向篮下执行前切或者后切的动作并接前锋传回来的球，然后移动到V形切入路线的末尾（传球配合），或者前锋可以持球向篮下运球突破。

3. 前锋执行抢篮板球的动作并将球传给队列中的下一名后卫，然后移动到后卫队列的末尾。

4. 前锋球员在后卫球员运球移动时执行背后切入（高级技术）。控球球

员朝防守球员运球，并示意自己将执行背后切入，接球球员则通过外侧手向下的动作示意自己的切入动作。前锋球员应该在三分线外执行背后切入，使防守球员分散并执行背后切入。

前锋球员执行V形切入时，可以使用向篮下移动的假动作并突破获得空位，也可以朝想象中的防守球员移动（L形切入）。达到比较满意的水平后，可以增加两名防守球员并执行二打二训练。训练时使用双手手势进行交流。

（三）挡拆配合训练

目标：指导球员进行有球掩护和切入动作。

准备：每组一个篮球和一个篮筐。（需要4组或4组以上球员参与）

步骤：两列外线球员，距离5米左右站立，使用掩护传球模式并阻挡防守控球球员的防守球员。

1. 二打○

选择切入球员（运球球员）得分或者掩护球员得分（拆到外线投篮或者阻挡后外切）。

2. 二对二

防守球员原地不动（掩护球员得分），或者防守球员执行换防（拆到外线投篮得分或者阻挡后外切）。活球进攻和防守。球员轮换：到达对面底线处双方交换角色。

3. 三打三

活球进攻和防守；胜方继续持球（如果进攻方得分，则继续持球）；如果防守方成功阻挡对方进攻，则双方交换角色。

（四）三打○移动训练

目标：指导球员在无球掩护时选择两种得分方式；传球投篮。

准备：每组两个篮球一个篮筐，6名球员最佳。两名传球者。

步骤：教练先确定切入方式，切入球员喊出切入动作，然后加入两名防守球员，掩护球员或者切入球员必须解读防守球员的意图并执行切入动作，同时喊出切入方式。

（五）三打三移动掩护训练

目标：指导球员在做无球掩护时选择掩护和切入方式。

准备：每组一个篮球和一个篮筐（6名或者更多球员）。教练可以使用两个篮球分别为两种得分方式进行传球。

步骤：三列外线球员彼此距离5米左右站立，选择使用传球及无球掩护的方式：弹切、曲线切入、闪切和背后切入。

1. 三打〇

（1）弹切（切入球员向外切，掩护球员向内切入或者滑动）。

（2）曲线切入（切入球员向内曲线切入，掩护球员向外切）。

（3）闪切（切入球员向外成U形切入，掩护球员向内滑动）。

（4）背后切入（切入球员向内切，掩护球员向外切）。

2. 三打三

（1）防守球员原地不动（切入球员选择得分）。

（2）防守球员换防（掩护球员选择得分）。

（3）活球进攻和防守。

（4）胜方继续持球（进攻方得分后继续持球）。

3. 学训重心

（1）队友发出信号后快速设立掩护。

（2）切入球员等待掩护完全设立（听到队友喊"前进"再移动）。

（3）设置掩护时使用较大的声音并降低身体高度，设立合法掩护。

（4）执行切入动作时使用双手示意队友，执行左右切入动作时都喊出相应的口令。

（5）每次设立掩护时都存在两种得分选择。

第二章　篮球意识培养对技术提高的积极作用

第一节　篮球技术训练和篮球意识概述

篮球运动员在训练和比赛中的思维和决策，一方面需要运用现有的概念、原则、原理等理论知识来形成理论思维；另一方面，需要运用大量在体育实践中获得的经验和知识，形成经验思维。此外，篮球运动员在比赛中的战术动作也极其丰富和复杂。在对抗状态下进行战术思维活动时，往往需要以经验的"直觉"方式进行思维和决策，完成所面临的战术任务，形成直觉思维。篮球意识活动具有不同的思维类型，在运动员的思维和决策过程中起着不同的作用。

理论思维运用知识、概念等进行思维和决策，在意识活动中主要从"宏观"的角度上发挥作用；直觉思维在运动员对情况不明、时间紧迫和对抗激烈状态下，解决小范围个人战术行动问题时发挥"随机应变"的作用。

为此，教练对于设计组织每一种战术配合如何行动都要有一个基本的"标准模式"，并且用这个"标准模式"去衡量运动员的战术行为是否适当。运动员应在决策过程中以"标准模式"的思想语言方式进行活动。实际上，运动员接受教练的指导和训练的过程，就是运动员在战术决策及行动方面向"标准模式"趋近的过程。

篮球比赛中攻守对抗情况瞬息万变，因而在不同的位置上和不同的攻守对抗状态下的战术思维决策，应用不同的"思维模式"。随着情况和位置的变更，其战术思维决策的"思维模式"也在变更，进行思维和决策的主导因素也是不相同的，即随着情况的改变，战术思维决策活动的主导因素、主次作用是变化的，其主次作用的变化形成战术思维决策活动过程的变化。在不同情况下，相应改变思维决策的主要因素和战术思维决策活动中的主次地位，不但可以"简化"战术思维决策活动过程，提高战术思维决策活动效率，而且能够使运动员在复杂的环境下尽快地获取自己所需要的战术决策信息并尽快做决策。对运动员来说，在平时训练中依照教练的"思维模式"进行战术思维活动，是提高篮球意识的有效途径。这就要求教练在篮球战术训练过程中，有计划、有步骤地将各种战术行动的"标准模式"以思维决策的形式传授给运动员，并通过比赛的反复磨炼，不断总结经验，从而不断提高运动员的篮球意识。总之，教练在战术训练中要使运动员掌握不同战术的运用时机、结构、特点、配合规律及变化，要明确战术位置分工职责与各位置的相互关系，要加强现代战术打法趋势意识的针对性训练，选择典型战术应用演示，提高战术意识。而对抗训练与实战竞赛是形成正确战术意识的最主要途径。

一、篮球技术训练

篮球作为一种竞技体育运动，已经被越来越多的人所喜爱。篮球运动对青少年的身体发育有很好的促进作用，在篮球运动中掌握所有的运动技能并能自由发挥，这是建立在良好的篮球技术意识基础上的。篮球运动中的每一个技术动作都需要大量的反复训练。这种高强度、快节奏的反应能力训练，需要运动员有良好的心态和非凡的毅力。参加更具竞争性的比赛也能促进运动员技术水平和意识的提高。比赛结束后，多思考和总结，不断提高篮球运动员的技术水平和意识。

二、篮球运动意识

篮球意识具体指运动员的观察、预见、反应和适应能力。这可以理解为篮球运动员的一种本能。在篮球比赛中，运动员必须具有敏锐的观察能力和预见能力，才能准确地收集球场上的相关信息，并通过准确的判断及时做出应有的反应。因为比赛时间有限，每一秒都很宝贵，每一秒都可能改变比赛的结果。可以说，运动员的现场适应能力在一定程度上决定了最终的比赛结果。

三、篮球意识的作用

球场上运动员一切正确的行动都是运动员自身正确意识指导下的客观反映，起着以下具体性作用。

（一）支配性作用

具有正确篮球意识的运动员在训练和比赛中，通常能够以正确的潜在意识控制自己的合理行为，决定应对的时机，根据可能发生的变化或预测可能发生的变化，有意识地、积极地、创造性地及时调整自己的思想和决策行动，从而更有针对性、更有效地发挥自己和球队的优势。在激烈复杂的竞争对抗下，篮球意识对篮球技术、战术、战略运用能够产生放大效应，从而让运动员赢得把握全局的主动权。

（二）行动选择作用

在比赛过程中，运动员在某一时刻所意识到的攻防对抗并不是一般的，而是根据比赛情况划分等级、轻重缓急和选择。一般情况下，运动员会首先意识到当时的攻防对抗情况；在复杂的情况下，他们会重新意识到与自己的行动意图最密切相关的信息，然后做出准确的判断，为自己的个人行动选择正确的方向。

（三）行动预见作用

篮球意识不仅是对比赛实际情况的一种积极反应，而且是对未来发展和攻防形势的某种可能性的预见。通过对攻防形势的发展和可能的预测，来决定采取什么样的个人战术，从而实现技术战术的主动调整。

第二节　篮球技术训练分析

一、高强度的篮球技术训练

众所周知，目前国际篮联的比赛是40分钟，而美国职业篮球联赛（NBA）的比赛是48分钟。在这样一场紧张、高负荷的比赛中，考验的是运动员的意志力和身体素质。只有技术精准，才能保证每一次的攻防有效。那么在日常的篮球技术训练中，要注意对运动员进行高密度、高强度的训练。这样做是为了让运动员在高负荷的训练状态下做好动作，以更高的体力和意志力面对未来的高负荷篮球比赛，保证在比赛中最大限度地发挥自己的力量，从而赢得比赛。

二、本能性训练

本能训练实际上是重复、强化某一技术动作的过程。通过反复的训练，向本能发展，成为一种熟练度的训练。需要注意的是，对于一些短而连贯的动作，如转身、后仰跳投、突破上篮等，可以采用本能的训练方法。这些连贯的动作反应基本是不用思考就能完成的，但是太多的连贯动作就不适合本能训练了。因为在实际的比赛中，有很多因素可能会打断连贯的动作。

三、连贯性训练

在运动员的篮球技术训练中，要加强连贯动作的训练。我们说的连贯性训练是指两个动作之间的连接和转换能力的训练，因为篮球技术动作不是单一存在的，它往往是以两个或两个以上组合的形式存在的，而且这些组合动作是没有顺序的，更没有固定的规律。在实际应用过程中，无论这些技术动作的组合如何变化，都必须保证连接和转换的连贯性。所以，在运动员的日常技术训练中，要加强连贯性训练，这样才能更好地让运动员在比赛中自由发挥。

第三节　篮球意识培养策略

篮球意识简单说就是运动员的一种心理作用，这种心理作用是主观存在的，通过这种意识慢慢地形成运动规律，主要是通过运动员的情感、认知、技能等方面来促使其形成，这一过程需要大量的时间和高强度的训练，最终的目的是使运动员在运动意识的作用下成功地进球。在篮球意识的作用下，运动员能够熟练掌握运动技巧，对对方的下一秒做出正确判断，抓紧进攻机会，成功制约对方。

一、注重篮球兴趣培养

（一）兴趣是最好的老师

篮球意识的培养必须建立在对篮球的良好兴趣之上。首先，从心理认识入手，改变传统的教学方法，在篮球认识的基础上培养篮球技能。因材施教，教学内容要新颖。通过不断拓展课外知识、小组教学、游戏教学、竞赛等方式，激发运动员的兴趣和积极性。

（二）要让运动员意识到篮球意识的培养不是一朝一夕就能完成的

在意识培养的过程中，要分阶段训练，不是单一的短期训练或长期训练，而是两种训练的结合。

二、重视观察应变能力的培养

（一）理论知识是基础

篮球理论知识涵盖了多种知识，包括篮球技术知识、篮球心理知识、篮球意识等，在具体讲解过程中，为了使运动员获得更多有益的经验，教练应充分讲解篮球理论知识，包括篮球趋势分析、实用技术、制约手段等。

（二）技术培训

具体的技术训练包括视觉训练和防守训练，这两种训练都建立在运动员良好的观察力和适应能力的基础上。优秀的运动员会充分利用球场上的每一秒，对对手的动作方向做出有意识的判断，既能预测对手的行为，又能准确猜测对手的意图，并能成功攻防。

三、发挥拼抢意识

篮球作为一项竞技活动，如果运动员在比赛中能够抓住更多的投篮机会，那么在主观上就意味着运动员有可能控制全局。因此，要想在球场上取得成功，球员必须有一定的战斗意识。篮下的篮板球和篮下补篮，通常很容易在比赛中得到高分。为了在比赛中获得控制篮板球的机会，为球队创造更多的得分机会，必须通过科学合理、紧张有序的训练，提高队员的战斗意识。

四、其他策略

第一，技术训练中渗透篮球意识培养；第二，战术训练及比赛中培养运动员的篮球意识；第三，提高文化理论素质，改善知识结构，丰富篮球意识；第四，通过心理训练培养运动员的篮球意识；第五，要重视意识培养与作用训练相结合。

篮球运动不仅可以增强身体素质，还可以培养参与者的团队精神，使团队更有凝聚力。本章通过对篮球技术训练和篮球意识的分析，提出了一些提高篮球技术训练和篮球意识的建议，希望对热爱篮球运动的人有所帮助。最后得出篮球技术训练与篮球意识训练是不可分割的。只有在良好的篮球意识的基础上，坚持不懈地刻苦训练才能取得更好的成绩。

第三章　脚步移动技术训练

第一节　基本脚步训练

一、原地移动身体重心的脚步训练

训练安排：全队队员在篮球场排两横队，队员左右间隔3～4米，前后间隔5米。每个方法训练之前，身体都要呈基本站立姿势。每个训练方法做3～5次。

1.原地左（右）脚前脚掌内侧蹬地，左右移动身体重心。

2.两脚成前后斜步开立，前后脚前脚掌内侧蹬地，前后移动身体重心。

3.左脚向左侧（或右脚向右侧）跨步并蹬回，蹬回时，跨出脚用力蹬地，蹬回的速度要快。

4.左（右）脚做轴，右（左）脚做同侧步变交叉步蹬回。

5.左脚做轴，右脚依前转身180°后再做后转身180°；右脚做轴，左脚做前转身180°后再做后转身180°。

6.左脚做轴，前转身180°后接做交叉步并蹬回，左脚做轴，前转身180°后接做同侧步并蹬回。右脚做轴，前转身180°后接做交叉步并蹬回。右脚做轴，前转身180°后接做同侧步并蹬回。

7.左脚做轴，后转身180°接做交叉步并蹬回。左脚做轴，后转身180°接做同侧步并蹬回。右脚做轴，后转身180°后接做交叉步并蹬回。右脚做轴，后转身180°接做同侧步并蹬回。

8.左脚（右脚）做轴，前转身180°后做同侧步变交叉步蹬回。左脚（右脚）做轴，后转身180°后同侧步变交叉步蹬回。

9.原地向上做起跳，但前脚掌不离开地，只是重心上提，然后回原位。

目标：

1. 掌握前脚掌蹬转的方法。

2. 提高前脚掌蹬地的力量。

3. 提高蹬转时，重心移动的速率和控制重心的能力。

条件：

1. 蹬地时，用前脚掌内侧用力。做轴脚在蹬转时，脚跟要提起。

2. 转动时，注意腰胯的用力，注意手肘的用力和协调配合。

二、原地急速跑地训练

训练安排：听到信号后两脚急速原地跑，10秒钟一组，中间休息10～20秒，连续做10～20组。

目标：提高两脚蹬摆的速率和跑动时全身的协调性。

条件：

1. 两脚以最快的速度跑动，两臂快速摆动。

2. 力争10秒钟跑70步以上。

三、原地做滑跳碎步变原地碎步跑的训练

训练安排：在原地两脚随意做滑跳碎步，听到信号后，马上做10秒钟原地碎步跑，中间休息10～20秒，连续做10～20组。

目标：

1. 掌握碎步和滑跳碎步的方法。

2. 提高碎步跑的速率。

条件：

1. 在低重心的情况下，做滑跳碎步和碎步。

2. 力争10秒钟碎步跑70步以上。

四、起动、急停和各种跑的训练

训练安排：全队分两组，分别站在端线。开始时，两组的排头先做训

练，过中线时，下一个队员开始训练，每组的最后一个队员移动到另一侧端线后，排头再做回来，依此连续做。下面每个方法每次课安排1～3个往返。

1. 连续做起动跑，一（两）步急停。

2. 原地做碎步跑然后立即起动跑，跑5米左右后再变原地碎步跑，直至端线。

3. 腰部做虚晃假动作后立即起动跑，跑5米左右后再做腰部虚晃和起动跑，直至端线。

以上三步先在直线中完成，然后再在折线跑中完成。

4. 变速跑（快跑三步变慢跑三步或快跑若干步变慢跑若干步），直至端线。

5. 变步跑，三大步变三小步交替进行，直至端线。

6. 同侧步（交叉步）变向折返跑。

7. 小弧线跑。

8. 急停后转身起动跑。

目标：掌握起动、急停和各种跑的方法，提高移动的速度、灵活性，以及各种步法变化的速度和灵活性。

条件：

1. 各种步法和跑应该快速地完成。

2. 各种步法的变换要及时，并注意控制好重心。

3. 折线跑时，脚尖和膝关节要先对准前进方向再起动跑，特别在做急停变向或转身变向时，要停得稳、起得快。

4. 弧线跑时应注意脚的内、外侧用力，并注意侧肩和重心的转移。

五、两人一组的脚步训练

训练安排：两人一组，面对面分别站在两侧边线处，全队成两排。听到教练的信号后，两边线队员都向中间做起动跑，并按下列方法训练，然后跑到对面的位置转身，准备下一次的训练。每个方法做两个往返。

1. 听到信号后做一步急停，之后向自己的右侧前方做交叉步（同侧步）起动跑。

2. 听到信号后做一步急停，之后向自己的左侧前方做交叉步（同侧步）起动跑。

上述两步，听到信号做两步急停后再重复完成。

3. 听到信号后急停，向自己的右（左）方做后转身360°接起动跑。

4. 听到信号后变原地碎步跑，再听到信号后向自己的右（左）侧前方起动跑。

5. 听到信号后原地腰部做虚晃假动作，再听到信号后向自己的右（左）侧前方起动跑。

6. 听到信号后做急停先向左（右）做假动作，然后向右（左）侧前方起动跑。

7. 听到信号后做急停，先向左（右）再向右（左）做假动作，然后向左（右）侧前方起动跑。

目标：

1. 掌握各种移动步法的方法，并结合假动作进一步熟练掌握。

2. 提高队员脚步移动的灵活性。

3. 培养队员集中注意力的能力和反应能力。

条件：

1. 听到信号后及时做动作并及时变化动作。

2. 集中注意力，避免相撞。

六、3米折返跑

训练安排：距中线3米处画一条平行中线的线，全队队员分两组，其中一组先做训练。开始时，双脚站在中线外，听到信号后立即起动跑，一只脚踩住3米线后用交叉步折返跑，另一脚踩中线后再折返。做10个往返为一组，然后两组队员交换，每人完成若干组。

目标：提高起动跑和折返跑的能力，提高脚步移动的灵活性。

条件：

1. 折返时，脚必须踩线。

2. 移动时，身体重心上下不要起伏，重心要低，为防止队员重心过高，要求折返时手必须触地。

七、沿跳球圈追逐跑

训练安排：两人一组，沿跳球圈做顺时针或逆时针方向的追逐跑，谁拍击到对方的背部谁为优胜者，在规定的时间内做追逐跑。也可变为在跑动中听到教练的信号后，再做反方向的追逐跑。

目标：

1. 掌握弧线跑时脚内、外侧用力的方法。

2. 提高队员侧身弧线跑的能力。

3. 提高队员训练时的兴奋性。

条件：

1. 跑动中降低重心，内侧腿弯曲要更大些。

2. 不要踩跳球圈的线。

八、8字形跑

训练安排：全队在端线站一排。训练时，排头从限制区与端线的交点处起跑，绕三个跳球圈向外做侧身弧线跑，返回后排队尾。前面两个队员接近中线时，下一个队员开始，依此连续进行。

目标：

1. 掌握侧身弧线跑技术。

2. 提高侧身弧线跑时，速度变化的能力。

条件：

1. 弧线跑时，注意脚的内、外侧用力，侧肩及身体重心向跳球圈圆心侧倒。

2. 要有非常明显的加减速，即在圆的切线上加速，加速3~5米后减速。

3. 队员在跑动中注意不要撞上，相互注意闪躲。

九、穿梭跑

训练安排：全队分两组站在端线。训练时，两组排头听到教练的信号后，绕物体做穿梭跑。为加大训练密度，后边的队员可以跟随得紧一些。待每组的最后一个队员跑到端线后，排头再做回。连续进行。

目标：提高队员移动时脚步和腰部灵活性。

条件：

1. 跑动中要侧肩并注意腰部的闪躲动作。

2. 遇到物体时，脚步频率要加快。

十、结合快攻的综合脚步训练

训练安排：全队队员分两组分别站在两个篮的端线外。训练时，每组排头队员站在限制区内做原地防守动作，看到教练的信号后，立即向边线外拉起动跑。外拉时采用交叉步起动的方法，在边线1～2米处，变为向内侧身沿快攻边路快下的路线跑，在另一侧罚球线延长线附近，加速跳起上篮，之后，排对侧队尾。

目标：掌握快攻快下时，各种脚步移动的方法，提高移动速度。

条件：

1. 看到信号后，起动要快要突然。

2. 快攻弧线跑时，眼睛看教练（比赛中是篮球），上体要向内转，脚尖对准前进方向。

十一、综合性脚步移动的训练

训练安排：全场放5～6个立柱，全队成一排站在端线后。第一个队员做到第三个立柱时，下一个队员开始训练。起动跑到立柱前急停，做虚晃摆脱假动作后，立即变向起动跑到下一个立柱，直至到最后一个立柱，然后跑到限制区外，转身返回。返回时，快速起动，沿边线做向内侧身跑，到前场罚球线延长线附近，再加速冲过篮下，排到队尾。起动跑到立柱前急停后做后转身变向起动跑，返回时同理。

目标：提高脚步移动技术的综合运用能力。

条件：

1. 在快速跑动中完成各种脚步移动技术。

2. 转身、变方向时，脚尖和膝要对准前进方向。

十二、急速碎步跑与起动跑抢球训练

训练安排：两人一组一个球，全队分若干组站在端线外，中场跳球圈地上放一球。训练时，把球传给教练，教练把球放在中圈地上，然后两队员分别站在端线内，两人相距6~8米，面对端线背对球站立。教练给第一次信号时，两队员原地急速地做碎步跑，给第二次信号后，立即转身180°起动跑抢球，抢到球的人马上运球上篮，未抢到球的队员做防守。攻守完毕后，排队尾，连续训练。

目标：

1. 提高队员碎步跑的速度和碎步变转身起动跑的能力。

2. 提高队员在快跑中抢地板球的能力。

3. 提高队员的速度灵活性。

条件：

1. 必须在听到教练给的第二次信号后，才能做转身起动，否则算犯规。

2. 抢球时要先抢位，再弯腿抢球。

十三、追球跑变滑步碎步的训练

训练安排：全队分两组，分别站在端线，每人持一球。训练时，队员把球放在端线上，听到信号后，用单手传地滚球的同时起动快跑追球，力争在中线附近跑到球的前面，快速后转身180°，在球的前面做后滑步和后退碎步跑。到罚球线附近拿球运球上篮或急停跳投，投篮后自抢篮板球，两人交换位置排到队尾。连续训练。

目标：

1. 提高队员后滑步和后退碎步的速度及灵活性。

2. 提高队员各种步法的综合运用能力。

条件：

1. 根据自己的速度，掌握好传地滚球的力量。

2. 后滑步和碎步时，脚不要碰到球。

十四、结合战术配合路线的各种移动步法的训练

训练安排：队员按下列方法移动后排队尾。每个训练方法做2～5个往返。

1. 前锋位置上的摆脱横切。

2. 后卫位置上的摆脱纵切。

3. 前锋位置上的摆脱溜底线。

4. 中锋位置上摆脱横滑步要位。

5. 后卫队员给前锋队员做侧掩护，然后后转身向内移动要位。

6. 内中锋横切给另一侧内中锋掩护后上插外中锋位置移动要位。

7. 前锋队员横切给另一侧的内中锋做掩护后向外拉出要位。

8. 内中锋攻击步上插外中锋位置，然后后撤步下顺到另一侧内中锋位置要位。

目标：

1. 掌握各种移动步法在各种配合中的运用，并提高其运用的能力。

2. 培养队员在球场上的位置感及各种位置上的移动方法。

条件：

1. 队员从落位到移动路线和步法都应准确。

2. 摆脱起动要快，移动时注意侧肩、探肩的超越动作，以及要借用肘上体、两臂和腿部发力挡人的动作。

3. 掩护时两臂屈肘上举。

十五、半场摆脱切入跑

训练安排：全队分两组分别站在弧顶后卫位置上，相距5米左右，用一个

球。A传球后做摆脱，然后空切篮下，之后排到另一组队尾，B接到A的球后快速回传A后边的队员，然后空切篮下，之后排到另一组队尾连续训练。也可落成前锋位和后卫位进行训练。为加大训练密度，全队分两大组在两个篮同时训练。

目标：结合队员的位置，掌握摆脱、切入的方法和技术。

条件：传球后做摆脱，摆脱后起动要快。

十六：半场摆脱交叉切入跑

训练安排：两人一组一个球。训练时，队员A将球传给策应队员后，A与B做交叉切入篮下（传球人先做切入），策应队员可将球任意地传给其中的一个队员，切入队员上篮可分球。之后两人交换位置排队尾。

目标、条件同上一训练。

十七、人字形滑步、撤步训练

训练安排：队员左右距离3~4米，前后距离5米左右。队员前后斜步开立，先做前滑步，向前滑步2~3步后，前面的脚做后撤步并紧接2~3步的侧后滑步，急停后另一脚做前滑步、后撤步、侧后滑步，一个来回为一组，连做5~10组，休息半分钟后再做。

目标：

1. 掌握各种滑步方法之间的变换。

2. 提高滑步的速度、速率和脚步移动的灵活性。

条件：

1. 各种步法变换要快，滑步的频率要急促，并保持身体重心稳定。

2. 后撤步时，撤步应向侧后方。

3. 注意上肢的摆动和协调配合。

十八、攻击步变碎步后跨步、横滑步训练

训练安排：队员前后斜步开立，先做攻击步3~4步后立即过渡到碎步，

然后上边的脚向侧跨步紧接横滑步，另一脚按上述同样的方法做攻击步、碎步、跨步和横滑步。一个来回为一组，做5~10组，休息半分钟后再做。

目标：

1. 掌握各种滑步的方法及其变换。

2. 提高滑步的速度、速率和脚步移动的灵活性。

条件：

1. 各种步法变换要快，滑步的速率要急促。

2. 横滑步时，上体要用上"内劲"，胸要适当地挺起来。

十九、持球突破和防突破的滑步训练

训练安排：两人一组，一组一个球，全队分若干组。A与a面对面相距5米。训练时，X组队员持球并将球传给O组的进攻队员后，先做起动跑，在接近A时马上变成碎步，调整速度和距离后紧逼A，A做摆脱跨步动作时，a根据对方的跨步方向，及时撤步或滑步，A突破时，a做滑步抢位堵截的动作，然后a退回原位，O组队员把球传给X组队员，O组队员按上述方法做防守，每人防守10~20次。

目标：掌握突破和防突破的步法，提高脚步移动的速率和灵活性。

条件：

1. 防守到位不要太猛太急，以免失去重心，造成对方突破或自己撞人犯规，所以一定要掌握好碎步过渡到紧逼对方的方法。

2. 各种步法转换要及时，移动要快。

3. 上肢和上体要协调配合防守。

二十、防守步法的综合训练

训练安排：全队队员网形站位，训练时呈基本站立姿势。看教练的手势向不同方向做各种滑步，一分钟为一组，中间休息半分钟，做若干组。

目标：

1. 掌握各种滑步的方法。

2. 提高滑步的移动速度和频率，以及各种步法变化的速度和灵活性。

条件：

1. 看到教练变化的信号时，立即发生变化。

2. 滑步时，重心上下不要起伏，手脚配合要协调。

二十一、各种防守步法的训练一

训练安排：全队分两组，分别站在端线。训练时两排头开始，过弧顶后，下边的队员再开始做，直至最后一个队员到对侧端线后，排头队员再做回。依此连续训练。在每次训练中安排2～3个往返。

1. 前滑步。

2. 攻击步变碎步。

3. 向后做滑跳碎步。

4. 之字形侧后滑步。

5. 之字形侧后滑步变堵截步、变碎步、变后撤步。

6. 之字形侧后滑步变交叉追防步跑、变堵截步、变碎步、变后撤步……

7. 向后滑跳碎步变交叉追防步跑、变滑跳碎步。

目标：

1. 掌握各种防守步法，提高移动速度和灵活性，以及各种滑步身法变化的速度和灵活性。

2. 提高各种步法的综合运用能力。

条件：

1. 各种滑步应在运动中完成。

2. 保持各种步法运用的准确性，变换要及时。

3. 在累的情况下，也不能降低滑步的质量和速度。

二十二、各种防守步法的训练二

训练安排：全队分两组，分别站在端线外。训练时两组的排头分别向端线的两侧做横滑步，当一只脚踩住边线时立即向罚球线做起动跑，在罚球线用碎步调整后向端线做侧后滑步，到端线后，两人交换位置排队尾。当前面队员做到罚球线处时，下两名队员开始训练，依此连续训练。为增加训练密度，可在两个篮同时训练。

目标：

1. 掌握训练中脚步移动方法并提高移动的频率和速度。

2. 提高各种步法的变化速度和灵活性。

条件：

1. 各种步法变化要快。

2. 移动时重心不要上下起伏。

第二节　外线移动

讨论任何与个人进攻移动相关的话题时都应该强调，篮球首先是一项团队运动，尽管每场比赛都为个人提供了使用进攻移动的机会，但持球球员必须与其他4名队友紧密配合。教练应该限制个人进攻移动的比例，这样才能确保所有球员充分发挥自己的长处。

外线移动是指围绕场地外围进行的进攻移动，球员处于面向篮筐的状态。要熟练掌握活球移动技术，应该同时提高能够有目的地执行快速控制性运球的能力，所有活球移动和运球移动最后都会以传球、死球或者投篮结束。

一、活球移动基础知识

所有的活球移动都从一个基本姿势开始，即球员采取进攻快速站姿或者面向篮筐的三威胁姿势（可以选择投篮、传球或运球），球员应该站在自己有效的投篮范围内，球员接球时双脚离地并且以面向篮筐的急停姿势落地。另一种方式是接球并面向篮筐——球员使用双手接球，背向篮筐执行急停动作，然后以三威胁姿势执行转身动作，使自己面向篮筐。球员在接球时应该特别注重执行活球移动。

球员应该始终坚持利用身体来护球，尽量持球贴近身体并将球置于有利位置。球员采取三威胁姿势时，保持篮球贴近身体并置于肩膀下方，主导手位于篮球下面，以这种方式来护球。活球移动时的护球方式是在远离防守球员的一侧运球，使用接球并面向篮筐的技巧来破解防守压力，肘部锁定并伸展以免使球悬在空中。

使球悬在空中是非常危险的动作——球员会失去手臂对球的快速控制能力及护球的力量，球可能会被防守球员抢断。

在具备平衡和速度的前提下节省时间和空间，是持球执行外线移动的基本准则。无论何时，都应该尽量快速地执行所有的移动动作，篮筐执行直线移动。进攻球员在使用运球突破通过防守球员时，应该与防守球员进行轻微的身体接触，然后在保持快速站姿的同时使用快速的投篮或者传球假动作。执行活球移动时，应该首先快速朝篮筐方向直线迈一个较低、较大的步子来通过防守球员。需要注意的重要一点就是，应该使头部和肩膀通过防守球员的身体，这样在进行身体接触时，防守球员将被判为犯规的一方。这种技巧称为"第一步掌握胜局"。

防守球员采取双脚错开的防守姿势时，可以应用朝前脚进攻或者前手进攻的规则，对于防守球员来说，最薄弱的部分是他的前脚或者前手一侧，因为要回撤身体阻断进攻球员的运球突破，他必须首先进行转身。因此无论何时，进攻球员都应该尽量从防守球员的前脚和前手处着手，并使用活球移动方式移动到这一侧。内侧的臀部与防守球员进行接触以防止对方回防，说明已经成功执行了运球突破移动。

球员向篮下进攻时，应该在保证控球的前提下加速向篮筐运球突破。一定要把握好时机，活球移动的最佳时机。就是在球员接到球后，正处于移动中，而防守球员尚未做出调整的这个时间段，如果不确定自己能否通过运球突破获得空位，那么突破球员应该选择传球（运球）。

任何在投篮范围内的活球移动，其基本目标都是一次运球带球上篮，球员应该解读防守球员的意图并预测使用控制性运球突破的成功概率，学习如何从防守球员身边通过，以及如何正确地执行控制性运球动作，以便在最后时刻将球传给处于空位的队友或者自己急停跳投，甚至帮助队友破解对方的防守。突破分球是一种非常好的外线移动方式，所有外线球员都应该掌握这种技术。执行运球突破的球员通常会面对以下几个选择：带球上篮、将球传给一同进攻的队友、急停跳投。如果对方其他防守球员在篮下实施封阻，那么需要停止移动。

（一）固定中枢脚移动

在所有的活球移动中，应用固定中枢脚（PPF）方法时，对于右手为惯用手的球员来说，应该使用左脚作为固定中枢脚，反之亦然。在指导球员如何通过防守球员时，应该将以下介绍的移动方式作为基本的教学点：直接突破、犹豫步移动、进退虚晃步移动及交叉突破。

相对于任意中枢脚移动来说，PPF中的步法更适合外线球员，因为这种方法更为简单易学。由于这种步法中的选择和移动相对单一，因此球员更容易提升自己的技术水平。除此之外，在两种基本的活球移动方式中（直接突破和交叉突破），成功突破的关键在于在舒适度较高、速度较快的惯用侧执行的第二步，以及在舒适度欠缺、速度较慢的非惯用侧执行的第一步。执行直接突破时，关键在第一步，执行臀部与防守球员进行接触的第二步时，就意味着成功突破。在执行交叉突破时，成功突破的重点只在第一步上，即突破球员在头部和肩膀通过防守球员的同时，内侧臀部与防守球员进行接触。活球移动的关键是在迈第一步时使用较长较低的步伐。

1.直接突破

这种突破方式是使用主导脚通过防守球员。右手球员应该从防守球员的左侧通过，使用右（左）脚迈出第一步，形成双脚错开的三威胁姿势，保持向前推动中枢脚，不要使用负步。在中枢脚抬起前，篮球在前脚前面落地时，使用迈步脚快速朝篮筐迈一个较长较低的步伐。最后，使用PPF方法朝篮筐迈一步通过防守球员。

动作分解步骤：使用主导迈步脚迈具有爆发力的一步（向下），球员在突破运球时在前面推动运球。比赛规则要求球员在抬起中枢脚前篮球必须出手（美国规则）。对于国际篮联规则来说，在中枢脚抬起前，篮球必须在第一次运球时击到地面，这就需要球员迈一个更长更低的步伐。

2. 犹豫步或步步移动

这是第二种主导侧移动方式，需要采用三威胁姿势并使用主导脚朝防守球员和篮筐执行一个短小的试探步。如果防守球员没有对试探步做出任何反应，那么可以再执行一个较长较低的爆发步，与直接突破中所采取的方法一样，以这种方式通过防守球员。

动作分解步骤：一个短小的试探步、一个较长较低的爆发步，以及通过在身前推动运球并进行臀部接触的方法执行的运球突破动作。

3. 进退虚晃步

这是另一种在主导侧或者称为"管用侧"执行的移动方式：先执行一个直接突破的探步假动作并返回到三威胁姿势，再执行直接突破移动。顺序是采用三威胁姿势，执行直接突破短探步，然后返回到三威胁姿势，其间可以做一个投篮假动作，以便吸引防守球员向前移动。防守球员在进攻球员返回到三威胁姿势而向前移动时，进攻球员可以执行直接突破移动。移动原则是朝与防守球员冲力相反的方向执行突破。

动作分解步骤：做一个探步（向下），向后移动回到三威胁姿势，再朝与防守球员冲力相反的方向迈一个较长较低的爆发步，以及朝身前地面推动运球执行运球突破。

4. 交叉突破

这是一种防守球员对主导侧施加严密防守时所采取的反向移动方式，其中包括采取三威胁姿势，然后主导脚交叉移动到另一侧并通过防守球员，同时保持篮球贴近身体交叉运球到另一侧。然后从非惯用侧的三威胁姿势开始，球员使用非惯用手向前运球开始执行交叉运球突破。主导脚指向篮筐。球员应该保持中枢脚处于静止状态，使用迈步脚执行交叉步动作。

动作分解步骤：摆好三威胁姿势，主导脚移动到另一侧的同时，非主导手置于球后，将球贴近身体从一侧运至另一侧，并向前推动运球执行运球突破。篮球应该在胸部高度从身体一侧运至另一侧。一些教练更推崇在交叉运球时使用高运球和低运球的方式，但是这种方式速度太慢，并且从投篮或者突破位置向回运球需要较长的距离。还有一些教练指导球员通过向惯用侧执行探步的方式执行交叉运球，但是这种移动方式不但速度比较慢，而且容易导致球员执行横向交叉移动，而不是朝篮筐方向移动。

大多数球员都能够通过直接突破移动和交叉移动这两种基本的活球移动方式对抗大部分防守球员。初学者通常会依赖于一种直线移动和反向移动方式，同时将在惯用侧执行的进退虚晃步和犹豫步作为次要的移动选择。

（二）任意中枢脚移动

球员在执行活球移动并使用任意脚作为中枢脚时，可以指导他们使用以下这些移动方式。无论是右手球员还是左手球员，都应该能够以任意脚作为中枢脚来执行这些移动方式。

1. 使用方向脚执行直接突破

这种移动方式是进行运球移动通过防守球员，包括使用球员突破方向同一侧的脚执行一个爆发步。球员先执行急停动作并面向篮筐，在向右路突破时，使用左脚作为中枢脚并使用右脚迈一个爆发步通过防守球员。同时，向左突破时，球员应该使用左脚迈步，将右脚作为中枢脚。运球突破时，朝身前的地面推动运球。

动作分解步骤：使用与运球突破方向处于同一侧的脚迈一个较长较低的爆发步，以及在身前地面推动运球开始执行运球突破动作。篮球必须在中枢脚离开地面前离手。这种移动方式的劣势是在迈第二步时才与防守球员发生臀部接触。

2. 使用反向脚执行直接突破

这种移动方式是在执行较长较低的直接突破时，使用与突破方向相反的脚迈交叉步并护球，进而从防守球员身体任意一侧通过。执行反向脚突破时，首先执行急停动作面向篮筐，向右突破时，使用左脚执行爆发步通过防守球员，并在身前推动运球执行运球突破。

动作分解步骤：使用与运球突破一侧相反的脚迈一个爆发步通过防守球员，以及在身前地面推动运球执行运球突破。这种移动方式的优势在于，能够在迈出第一步时使头部和肩膀通过防守球员，并与之发生臀部接触。

3. 交叉突破

球员还可以学习如何使用任意一只脚作为中枢脚执行反向移动（向右做假动作，使用左脚为中枢脚向左交叉移动；或者向左做假动作，使用右脚为中枢脚向右交叉移动）。执行这种移动时，执行急停动作面向篮筐，做一个探步并使用同一只脚向相反一侧迈交叉步（绕过身体移动篮球时使球贴近身体），最后在身前地面推动运球开始执行运球突破。

动作分解步骤：执行一个探步，并在将球绕过身体移动时使用同一只脚执行一个交叉步，在身前地面推动运球执行运球突破。

二、死球移动基础知识

运球结束并在距离篮筐3～4米距离内执行急停时，可以使用下面介绍的这些技巧。球员使用任意脚移动，但必须移动到自己的投篮范围内才可以使用死球移动技巧。无论何时，持球球员都应该努力避免死球情况的发生，应该努力保持持球运球状态。

使用任意脚为中枢脚执行的死球移动，可发生在急停后或者接队友传球时，更多的时候发生在运球终止时，要提醒球员在急停后注意观察全场情况，解读防守球员的位置并快速做出正确的决策。

（一）跳投

球员执行急停动作并在保持平衡和控制性的前提下执行跳投。急停动作能够使投篮球员减小向前的冲力，球员向上起跳并在起跳位置稍微向前的地方落地。

（二）投篮假动作跳投

球员应该执行急停动作，然后做一个逼真的投篮假动作。在保持篮筐处于自己视线范围内的情况下，球员略微向上移动篮球，同时保持双腿锁定、脚跟向下的快速姿势，然后快速执行跳投。

（三）跨步通过并单脚带球上篮

从防守球员任意一侧通过并在急停后带球上篮，是另外一种高级进攻移动选择。球员应该执行急停动作使自己面向篮筐，然后做一个投篮假动作使防守球员放弃快速站姿，球员此时可能已经不处于快速站姿的状态。向右移动时，使用左脚迈步通过防守球员并执行右手或者左手跑动带球上篮或者低位投篮。

动作分解步骤：投篮假动作、使用相反一侧的脚迈步通过防守球员及带球上篮。

（四）交叉步通过移动

这是一种高级的反向移动方式，向一个方向做假动作，然后向相反方向移动并执行带球上篮或者低位投篮。执行时，急停面向篮筐，使用任意一只脚做一个顿步、一个交叉步，然后使用另一只脚迈步通过防守球员执行带球上篮或者低位投篮。

动作分解步骤：一个顿步、交叉步移动，以及带球上篮或者低位投篮。

（五）跨步通过强行上篮或者带球上篮

虽然使用跨步通过和顿步移动带球上篮并不违规，但是有时候官方（裁判）也会将这种动作判为走步。要避免这种情况的发生，球员可以执行一个完整的跨步通过并在最后使用双脚强行投篮，这样中枢脚会与迈步脚同时离地。教练应该在球员使用这种移动方式前尽可能地与官方进行沟通，以便对动作做出解释。

（六）转身投篮

球员在自己的前进路线上被防守球员封阻，并与底线成合适的角度死球急停时，向后转身并带球上篮或者低位投篮是最有效的破解方法。教练在指导球员执行这种移动方式时，可以让球员在罚球区内面向边线急停并将球置于颌下护球，将距离篮筐较近的脚作为中枢脚向后转身并带球上篮，或者低位投篮。

动作分解步骤：急停，向后转身，使用相反一侧的脚迈步通过防守球员向篮筐移动，以及带球上篮或者低位投篮。

保证移动动作的正确性后再将正确性和速度协同发展。首先按照正确的方式执行动作，然后提高动作的执行速度，直到出现错误，后努力按照比赛节奏进行训练。

三、外线训练

教练可以根据自己的执教风格及外线球员的特点，对下面介绍的训练方法进行适度的改变。与以前的训练一样，这些训练同样需要按照顺序进阶练习。

（一）外线训练指导

1. 球员一个人训练时，在移动前使用低手传球方式为自己传球，始终保持持球面向篮筐的三威胁姿势。

2. 留意三分线位置。双脚始终保持位于三分线后方，或者突破推球上篮，或者在篮下急停投篮。

3. 执行全部带球上篮动作时，尽量投空心球；结合使用强行上篮和单脚带球上篮这两种方式。

4. 执行全部突破前，先做投篮假动作。

5. 加快训练节奏；按照比赛节奏进行训练并增加平衡能力和速度。

（二）外线球员热身训练

目标：为外线球员提供针对基本技巧的热身训练。

准备：每名球员两个篮球、网球及带篮筐的半场场地。

步骤：每种训练方式训练一分钟。

1. 运球顺序：一个球、两个球、运球和花式运球、后拉交叉运球。

2. 通过口令加入想象中的防守：有球防守、无球防守、从无球到有球防守、低位防守和封阻，以及多种方式互相切换。

3. 无球移动：进攻传球和切入、掩护和滑步、掩护切入、进攻篮板，以及多种方式切换。

4. 快攻冲刺：无球训练。

5. 投篮进阶训练：常规投篮和罚球。

6. 手指尖向上推并伸展，尤其是在使用较长较低的步伐突破时腹股沟的伸展，以及投篮动作时手腕的大力伸展。

7. 控球顺序：绕身训练、绕臂训练和绕腿训练。

（三）队列训练：活球、死球和完整的移动

目标：指导球员进行活球和死球移动，并检查运球移动的效果。

准备：每个队列一个篮球、全场场地。

步骤：将球员分成4个队列站在底线位置。场上不设防守球员。每个训练循环进行，包括开始时的活球移动、中场位置的运球移动，以及在远端篮筐处的死球或者移动结束状态。

　　还可以选择另外两种队列训练方式。一是让每个队列中的第一名球员站在罚球线的延长线上，第二名球员持球以三威胁姿势站立。控球球员将球传给对面罚球线上的球员并上前防守。接球球员执行一打一战术通过防守球员。首先使用虚张声势的趋前防守，接下来执行真实的超前防守。突破球员通过防守球员将球传给对面队列里的球员并成为下一个超前防守球员。二是队列中的第一名球员执行活球移动，在罚球线处执行急停并使球面向篮筐。接下来球员用力抓球并执行单手推传动作，将球传给队列中的下一名球员。最后，传球球员成为接球球员的趋前防守球员，接球球员围绕防守球员进行活动移动。重复以上步骤。

（四）低手传球外线移动训练

　　目标：提高外线移动的技术。

　　准备：每名球员一个篮筐和一个篮球、半场场地。

　　步骤：球员在一个模拟的传接球环境下训练活球移动技术和死球移动技术。开始训练时，球员在基本的进攻位置和情况下使用双手低手传球方式为自己传球。执行顺序是，先在三分线常规投篮线边缘附近位置通过低手传球方式为自己传球，在球第一次反弹时双脚离地接球并面向篮筐落地。球员每次接球时都应该使用急停和后转身技巧使自己面向篮筐，然后再朝篮筐进攻。设定目标：每次移动过程中连续两次或者三次命中篮筐，特定移动中五投三中等。教练应对球员的每次移动给予评价。熟能生巧，使用PPF或者任意角为中枢脚的技巧，以提高自己的步法水平。这种简单明了的方式能够通过使用基本的技巧达到训练活球、运球以及死球或者移动结束时的技巧。在训练低手传球技巧时，可以借助反弹辅助装置、搭档或者教练的帮助，模拟外线移动中需要的传接球环境。

　　选项：

　　1. 接球和投篮：低手为自己传球并执行快速、平衡的投篮动作。

　　2. 接球和快速突破：低手为自己传球、V形路线切出、面向来球方向接球、快速突破并结束动作。

3. 接球和一次运球推球跳投。

4. 接球、投篮假动作及一次运球推球跳投：以快速姿势执行快速简短的投篮假动作。

5. 接球、传球假动作和投篮：做传球假动作时只移动胳膊和头部。传球假动作要简短快速，保持平衡。

6. 接球、传球假动作、突破和投篮。

7. 接球、探步和投篮：创造投篮空间——平衡并使用简短的探步动作。

8. 接球、探步、突破和投篮。

9. 接球、一次运球、变向和投篮：开始运球朝篮筐进攻、变向并继续突破进而结束动作。

10. 在非惯用侧重复以上移动动作。

（五）近距离攻防训练：一打一、二打二、三打三和四打四

目标：训练外线球员应该掌握的全部外线移动方式。

准备：每组球员一个篮球和一个篮筐。

步骤：在每个篮筐外面将球员组成一个队列。每个队列的第一名球员持球站在篮筐下扮演防守球员的角色。进攻球员队列在5米左右远的位置面向篮筐站立。防守球员使用干净利落的空中直传方式将球传给进攻球员队列的第一名球员，然后上前防守该球员。攻防双方做出传接球动作就代表训练开始。外线进攻球员应该双脚离地接球并面向篮筐，解读防守球员的动作并做出相应的回应，应用基本技术进行投篮或者外线移动。

球员可以在每次训练后轮转到对面队列的队尾，可以采取得球者继续比赛的淘汰制或者其他对抗形式，也可以进行二打二的训练，这时训练就变成了有球和无球的团队比赛形式。在第一次传球时，传球球员负责保护控球球员。

（六）一打一训练

目标：为外线球员提供不同的一打一对抗环境。

准备：每组一个篮球和一个篮筐。

步骤：一打一对抗训练能够使每名进攻球员有机会对在全部环境下的外

线移动效果进行评估，即活球、运球及对抗移动。

1. 从距离篮筐5米左右的位置开始一打一训练

（1）最多允许运两次球。

（2）开始训练时通过移动获得空位——V形或者L形切入，切入后接球并面向篮筐。

（3）双方轮转进行训练。

（4）一方最先投篮命中5次时比赛结束。

（5）将每次运球的时间限制为5秒钟或者最多只能运球两次。

2. 在半场附近开始一打一训练

（1）使用切入方式获得空位，然后接球并面向篮筐。

（2）使用运球移动方式通过防守球员。

（3）使用对抗移动投篮得分，通常采取带球上篮或者跳投的投篮方式。

（4）请队友或者教练扮演传球球员。

（5）在罚球区内添加另一名防守球员（第一名防守球员返回到罚球线处）。

3. 在罚球区内执行一打一对抗移动

（1）从外开始移动，在罚球区内接球并面向篮筐。

（2）执行对抗移动并投篮得分（跳投、跨步通过带球上篮、交叉步通过带球上篮及转身移动）。移动时不进行运球。

（3）一方命中5次后双方交换角色，或者每次投篮命中交换角色。

4. 从进攻位置开始一打一训练

让球员在快攻位置或者定点进攻位置接球。

（七）搭档突破分球训练

目标：训练在对抗环境下执行活球移动，并为队友传球创造得分机会。

准备：两名球员、一个篮球和篮筐（每个篮筐可以允许三对球员进行训练）。

步骤：两名球员在距离篮筐7米左右的位置开始训练，球员之间的距离为5米左右；采用组织后卫球员+侧翼球员或后卫球员+前锋球员及前锋球员+前锋球员的组合方式。

控球球员开始在活球移动情况下执行运球突破，接球搭档在合适的时间，即传球球员准备传球时，执行切入动作并保持合适的距离。后卫—前锋组合可以使用横向切出或者跟随的移动方式进入突破路线。切出的球员寻找投篮或者外线投篮的机会——中距离投篮或者三分球投篮。切入球员或者传球球员传球给他的搭档或者做传球假动作并投篮。前锋—前锋组合在场地的另一侧。突破球员突破到底线并沿底线进行传球，传球时使用底线一侧的手以推传方式为搭档传球，后者朝底线滑步移动到场地另一侧的空位位置。除了底线传球时使用击地反弹传球，其他全部外线传球都应该使用空中直传的传球方式。

（八）限时带球上篮训练

目标：训练在对抗环境下的控球和带球上篮。

准备：篮球、罚球区、篮筐和计时设备。

步骤：

1. V形带球上篮

从场地右侧肘部位置的罚球线处以三威胁姿势开始训练，向篮筐执行运球突破并带球上篮。篮球落下时使用双手抓球，并使用右手运球通过罚球线移动到左侧肘部，继续使用左手运球并执行左手带球上篮，然后双手抓球并使用左手运球通过罚球线移动到右侧肘部位置。在30秒钟或60秒钟内尽可能重复多次。记录个人的带球上篮命中次数。

2. 反V形带球上篮

训练方式与上一个训练基本相同，区别是穿过篮筐到另一侧时使用合适的运球手执行带球上篮，例如从右侧的肘部位置开始。使用左手运球从篮筐前穿过，然后使用左手带球上篮。然后使用右手运球通过罚球线到左侧肘部位置并返回到另一侧，将时间限制为半分或一分钟。记录命中的带球上篮次数作为自己的个人记录。这个训练适合作为外线训练的结束项目。

（九）外线对抗训练

目标：使球员能够在与自己或者个人对抗的情况下训练所有外线持球移动动作。

准备：篮球和半场场地，每个篮筐两名或者三名球员。

步骤：可以从3个位置（侧翼、罚球区顶端、侧翼）或者5个位置（再加上两个底角位置）开始。训练规则：所有带球上篮必须是空心，投中得2分。可以混合使用强行上篮和单脚跳投。投中空心或者跳投时，球员额外获得1分。无论中与不中，每次投篮时都喊出应得的分数。投篮不中时尽量补篮，但补篮不计入成绩。使用罚球空心规则。移动方式如下。

1. 三个常规投篮。

2. 中路突破穿过篮下。

3. 底线突破到篮下。

4. 中路突破上拉跳投。

5. 底线突破上拉跳投。

6. 中路突破急停、交叉步强行上篮。

7. 底线突破急停、转身或者强行投篮。

8. 中路突破后起跳投篮。

9. 底线突破后起跳投篮。

10. 中路（底线）突破，犹豫步或者进退虚晃步后跳投篮。

11. 探步执行三次常规投篮。

12. 罚球投篮（4次）。

在全部3个位置或者5个位置重复以上动作。

第三节　内线低位移动

在内线时首先要获得控球权，在内线持球或者移动到底线。向防守方施压促使其犯规。低位战术是成功的关键所在。

大多数教练和球员都能认识到通过低位球员在罚球区内或者罚球区附近接入球，从而建立内线战术的重要性。这种内线战术有多个目的。它能够实现较高的投篮命中率——在篮筐近处创造得分机会，还能提高执行原始的三分球战术的概率（内线投篮得分加上罚球得分）——处于内线区域的低位球员很难防守，并且经常在投篮时造成防守球员犯规。将球传给处于内线的低位球员时（传球突破），防守方会被迫打乱阵型以便对其进行防守。这时将球回传给外线队友能够增加外线投篮的机会（三分球战术）。

一、低位战术基本知识

低位战术是构建从内向外进攻策略的关键因素：低位战术能将控球技术的需要降到最低，并且只要付出足够的训练时间和耐心，任何身体条件的球员都能快速掌握这种战术，所有球员都应该学会背打技术，以便能够经常利用身高方面的优势，优秀的低位球员能够通过提高各种内线移动技巧，尤其是背对篮筐得分移动的方式来获得空位，进而提高自己的投篮命中率。低位球员需要学习如何获得空位、保持空位状态、安全地接球，以及通过简单的方式投篮得分。

（一）突破

进攻方须通过运球突破将球运至内线，或者将球传给低位球员的方式，从而突破防守方的防守。外围进攻。突破的目标是尽可能在篮筐近处创造投篮机会，通常在罚球区内，或者迫使防守方打乱防守阵型，进而执行外线投篮。可使用传球或者运球方式突破防守方的防守。这个原则能极大地增加团队进攻的效率，还能在一定程度上增加对手的犯规概率。

（二）擦板球投篮

执行大多数内线移动后，在使用强行移动或者进攻篮板球的情况下，进攻球员会选择擦板球投篮的方式，尤其是从45°角的位置投篮，内线战术需要较多的控制，而且通常会面对球员拥挤的状况，而擦板球投篮的命中率要比篮筐投篮更高一些。除非球员进行扣篮，否则应该坚持"因地制宜"这一规则。将擦板球作为投篮目标时，错误边际要更大一些。

（三）做好投篮不中的准备

内线球员距离篮筐较近，因此抢篮板球也是他们的基本职责。因为投篮球员能够很好地预估投篮的精确位置及时间，因此内线球员应该始终通过内线移动的方式做好投篮不中的准备并争抢篮板球。抢篮板球时采用快速姿势，肘部朝外，胳膊和手掌在肩膀上方呈伸展状态。可能的话，内线球员还可以封阻防守球员，至少需要向罚球区中间移动，从而占据争抢篮板球的有利位置。

每个人都是低位球员。每个球员都可以成为内线球员。尽管一些最好的内线球员都具有身高优势，但是技术比身高更加重要。相对于身高，技术才是更加关键的因素——每个球员都可以针对与自己身高相似或者更矮的球员执行背打战术，提高基本的低位移动技术。

（四）创造身体接触

内线区域通常人员众多，因此存在较多的身体接触，内线进攻球员应该善于"创造"身体接触（背打时创造传球空位）并使用身体牵制防守球员。球员必须学会在保持平衡站姿的基础上，主动使用臀部和大腿根部位置与防守球员发生身体接触。双脚分开并降低身体重心，采用快速姿势并保持双脚处于活跃状态。通常情况下，先允许防守球员占据某个防守位置，然后低位球员依靠身体接触将其限制在该位置上。

（五）双手举起

为低位球员传球存在较大的难度和挑战性，而且由于这个区域球员众多，还存在时间上的限制，因此错误边际比较小。内线球员应该始终使用低位姿势，随时准备接队友的快速传球，与防守球员进行身体接触时双手举起，呈坐立姿势，腿部和躯体下半部分与防守球员产生身体接触，然后举起双手为传球队友提供传球目标（上臂与肩部处于同一水平高度，前臂几乎呈竖直状态，手部稍微位于肘部前方以便能够看到自己的手背）。

（六）耐心

很多高个子球员都属于大器晚成的类型，由于身高的关系，他们缺乏对自我形象的认可，身体协调性也相对欠缺。对于这种问题，解决办法就是学习时间、耐心和例行的训练。

二、低位技术

教练应该使球员掌握低位球员应有的姿势。内线或者低位球员必须培养自己执行夸张的基本姿势的能力。与常规姿势相比，双脚要分开得更宽，降低身体重心，肘部朝外且前臂竖直，上臂与地面平行并与肩膀位于同一水平线上。双手举起并微微前倾，手指分开指向天花板。低位球员应该使用双手为队友提供传球目标，保持双手举起并随时准备接球。

球员应该在低位线（穿过篮球或者球员与篮筐的直线）处执行背打战术。内线球员应该努力在内线或者罚球区外侧获得空位，即在低位线上或者附近区占位。在低位线上占位能够缩短传球球员的传球距离，低位球员执行背打时，肩膀应该与低位线垂直，向传球队友"展示数字"。通过向传球球员展示数字的方法保证传球路线的畅通，在下半身与防守球员进行接触的同时移动双脚。使用臀部作为身体接触的缓冲区，除非防守球员位于前面（在传球球员和低位球员之间进行防守），否则这一规则适用于所有传接球情形。

尽量使用低位线规则，除非传球球员位于底角位置。此时，低位球员的双脚置于位置上或者位置区上方，以便为底线移动得分提供空间。有时，低位球员从低位线的一侧启动，强迫防守球员在一侧或另一侧执行防守。

（一）在低位获得空位

无论何时，低位球员都应该尽量在低位线上、传球球员和防守球员之间获得空位，使用V形切入方式，朝防守球员迈步并使用后转身的方法封阻防守球员，进行身体接触时迈步穿过防守球员较近的脚。进攻中的低位球员可以使用正确的步法执行背打，然后在保持身体接触的同时迫使防守球员朝其设定方向移动（防守球员位于高位，使其向更高位移动；防守球员位于低位，使其朝更低位移动；防守球员在身后，使其朝篮筐移动；防守球员在身前，迫使其朝远离篮筐的方向移动）。

在正确的时间获得空位并保持自己处于空位状态是内线球员的基本任务。由于低位战术是一个持续的一打一对抗过程，因此球员必须学会如何"创造"身体接触并保持空位状态。一旦防守球员获得了某个防守位置，那么内线球员应该与其进行身体接触以便将其限定在该位置上。球员应该保持双脚始终处于活跃状态，并使整个身体执行半圆移动。臀部和躯干较低的部位应该"坐"在防守球员的腿上或者身体上，并一直保持这种接触。

（二）在内线接球

低位球员应该具有对篮球的欲望。他们需要对队友保持信心，相信队友能够获得空位并在将球传给他们时能够安全地接球，队友能够在内线获得空位或者在接到吸引两名防守球员的队友向外传出的球时能够轻松得分。

保持身体接触是为了感觉防守队员的存在并对其进行封阻。低位球员应该能够通过解读传球路线来确定防守球员的位置。为低位球员传球的传球球员，应该将接球球员位于防守球员远端的手作为传球目标。传球位置能够帮助低位球员确定防守球员的位置——传球促成得分。对于低位球员来说，保持传球路线的畅通是一项艰巨的任务。球员保持双脚处于活跃状态并保持身体接触，直到篮球到达接球球员的手上——面向传球球员。

低位球员必须迈步进入传球路径迎球，同时使用双手接球，双脚略微离地以守住自己的位置，然后执行急停动作。虽然位置是获得空位所需的条件，但是应该以拿到球为前提。教练应该训练球员在双手触到球前一直保持对篮球的关注。球员接传球时，必须使用颌下护球的技巧——肘部朝外并向上、手指向上、将球置于颌下（或者从一侧肩膀移动到另一侧肩膀），这种技巧能够防止低位球员在持球时使篮球悬空，进而能够很好地保护篮球。

低位球员向前移动时，可以使用吊传或者反传的传球方法。防守球员占据篮球与低位球员之间的位置时，可以使用两种技巧。第一种技巧是头顶吊传，传球球员将篮球从三威胁姿势移动到头顶，使用测试性的传球动作解读对方的协防情况，然后快速使球掠过防守球员，抛向篮板与篮圈的连接位置。低位球员此时保持快速姿势和双手举起的状态，面向底线并使用臀部和躯体下半部与防守球员进行接触。低位球员应该等到篮球被传出并到达头顶时，使用双手接球，接球时掌心朝向篮球。需要注意的地方是，要保持身体的较低部位与防守球员的接触，不要推动手臂。第二种技巧是向高位或者协同进攻的队友进行反向传球，如果防守球员在场地一侧的低位球员前面防守，那么可以向第二侧传球，然后低位球员可以迈步接球。

（三）挤开防守球员

内线球员必须学会在对抗中自动将防守球员挤开的技巧。如果低位球员在较低的一侧被防守，那么应该迫使防守球员向更低的位置移动；如果防守球员在前面防守，应该使用身体下半部分与之接触，面向底线并迫使防守球员远离篮筐。如果防守球员在后面防守，则应该向罚球区内迈步，然后执行V形切入或者后转身动作。动作的执行理念是允许防守球员占据某个位置，然后迫使他们向该方向更远处移动，并通过腿部和躯体下半部分的接触将其限制或者封阻在该位置。

（四）解读防守状态

防守球员在前面防守，即在传球球员和低位球员之间防守，教练应该指导球员使用头顶吊传或者反向传球的方法，限制或封阻防守球员并从相反的方向为低位球员传球。执行吊传时，进攻球员应该使用强行移动或者转身带球上篮的方式。防守球员在后面防守时，传球球员应该以头部位置作为传球目标，低位球员应该接球并面向篮筐。这种情况下也可以选择低位跳投。

防守球员位于低位一侧（底线一侧）时，低位球员可以使用低位或者轮式移动或者强行移动方式执行勾手跳投。同样，防守球员在高位一侧防守时，也可以使用强行移动或者轮式移动的方式。对于外线传球球员和低位接球球员来说，指导原则就是通过传球获得得分机会。

对于低位球员来说，解读防守并做出相应的反应意味着应该学会如何进行身体接触、如何解读队友的传球、如何转到中路，以及观察全场局势并破解对方的防守。优秀的低位球员在持球时能够迫使两名防守球员对其进行防守。

三、低位或内线移动

教练应该指导低位球员如何执行具有攻击性的移动并留意处于空位的队友。执行内线移动时，球员的目标应该是获得近距离投篮的位置或者为处于得分位置的球员进行传球。低位球员在进攻时必须努力迫使两名球员过来防守，而要达到最佳效果，球员应该掌握并熟练执行基本的低位移动方式，进而轻松得分。

（一）低位投篮

对于低位球员来说，向中路或者罚球区内移动是一种基本动作，同时也是重要的得分武器。这种移动通常并不需要运球。低位投篮的优势在于能够使进攻球员快速移动到防守的中间位置并进入高位得分区域。也可以选择强行移动和勾手跳投,这种方式需要运球,因此速度较慢。

(二)强行移动

防守球员位于高位一侧时(远离底线的位置),通常可以在底线一侧使用强行移动的方式。防守球员位于底线一侧时,也可以使用这种方式朝中路移动。底线强行移动的顺序,是以距离防守球员较近的脚为中枢脚向后旋转半圈,并使用臀部和躯体下半部分封阻防守球员,然后在两腿之间大力运一下或者两下球,同时双脚强行起跳朝篮筐方向移动,双脚与底线成合适的角度执行急停动作。有时候,低位球员位于罚球区或者离篮筐较近时,可以省略运球的动作。最后,执行强行投篮或者勾手跳投,使用身体保护篮球并使用防守球员远端的投篮手投篮得分。无论何时,都要尽可能借助篮板优势。

向中路强行移动的执行方式与上面所讲基本相同:接球并将球置于颌下护球(防守球员位于底线一侧),以底线处的脚为中枢脚向后转身封阻防守球员,在两腿之间离前脚较近的位置大力运球,同时双脚朝篮筐方向强行起跳移动到罚球区内,最后以双脚起跳带球上篮或者勾手跳投的方式结束。有时可能需要做投篮假动作,执行这种动作时,最普遍的错误是在执行后转身动作时没有贴近身体运球,使篮球在人员密集的低位区域暴露给防守球员。应该在双腿之间的前脚附近使用双手抓球,同时双脚起跳朝篮筐方向移动。

(三)勾手跳投

勾手跳投是一种双脚起跳的投篮方式,使用离防守球员较远的手朝篮筐进行投篮动作。勾手跳投的技巧,是将球置于颌下护球并移动到离防守球员较远的肩膀位置,然后执行强行起跳并使用前臂阻挡防守球员,将球移至头顶和防守球员上方进行投篮;非投篮手一侧的肩膀应该指向篮筐,可以使用任意一只手执行勾手跳投。这是一种安全且有力的移动方式,很多球员都喜欢在防守密集的区域使用这种投篮方式。

(四)轮式移动

这是一种高级移动方式,是强行移动和低位移动这两种移动方式的组合。

防守球员在进攻球员强行移动时执行高位（或低位）防守，恰好切断了强行移动中的进攻球员时可使用这种技巧。低位球员接下来可以快速执行反向低位移动动作。动作的执行顺序是，以强行移动开始，然后急停并在防守球员严密防守时将球置于颌下护球，最后向防守球员前进位置相反的方向执行低位移动。

（五）面向移动

防守球员在低位球员后面防守，尤其是存在防守间隙时，可以使用这些基本的外线移动方式。进攻球员以任意一只脚为轴向前或者向后转身，使自己面向篮筐和防守球员。向前转身时，可以选择带投篮假动作的跳投和交叉低位投篮的方式。这种情况下可以使用全部类型的活球移动方式。低位球员可以选择的其他方式是以任意一只脚为轴向后转身，然后执行跳投。跳投时可以做投篮假动作，或者其他的活球移动方式。

（六）向低位传球

对于大多数低位球员来说，需要向底线一侧传球时，他们比较喜欢使用击地反弹传球的方式向低位传球。防守球员要阻断或者抢断击地反弹传球并不容易。尽管如此，在向中路或者反向传球，还有吊传（防守球员在前面的低位防守时）时，空中直传的传球方式更为快速。在采用空中直传的方式为低位传球时，从肩膀和头部上方传球，以接球球员距离防守球员较远的手作为传球目标，或者从三威胁姿势使用单手推传或者敲传的方式使球穿过防守球员的耳朵。外线球员在向内线传球前，应该先确保自己能够看到低位球员球衣上的数字，以这种方式确保传球路线不被阻断。外线的传球球员应该将球传到接球球员处于空位的手上（距离防守球员较远的手），因为传球的目的是创造投篮得分机会。传球要向低位球员传递应该采取何种移动方式的信息。防守球员在低位球员正后方防守时，应该向低位球员的头部位置传球。

四、低位训练

在执行这些训练时，应该采用进阶式的训练方式，从没有防守到想象不同的位置存在防守球员，然后是训练助理采用双手在空中挥舞这种虚张声势的防守，最后加入真实的防守球员。

（一）低位热身训练

目标：在准备进行正式训练时先指导内线球员一些基本的技术。

准备：篮球、网球场、半场场地和篮筐。

步骤：每个项目训练一分钟，每天至少选择6个项目进行训练。

1. 篮球运球顺序。

2. 运球和花式运球。

3. 球内场训练（双脚分开并降低身体重心，脚尖朝外，呈坐立姿势）。

4. 想象中的防守球员滑步或者移动进行防守。

5. 进攻中的无球移动。

6. 篮筐到篮筐快攻冲刺。

7. 螃蟹步直线运球（双手在两腿之间靠近前腿的位置运球，然后将球置于颌下并双脚向前弹跳）。

8. 以向上抛球或者转身传球的方式为自己传球，然后接球并将球置于颌下护球。

9. 从距离篮筐1.5米左右的位置绕篮筐勾手跳投训练。

10. 柔和或犀利投篮：在5个地点执行5次投篮或者执行勾手跳投。

（二）队列训练：低位球员启动、转身和停止

目标：指导低位球员使用基本的4队列形式训练正确的步法。

准备：最低半场场地。

步骤：4列球员队列分别站在底线附近的边线处，罚球区外侧（两侧的罚球区）及对面的底线位置。以低位站姿启动，按照顺序执行开始、停止和转身动作。

1. 从低位站姿到低位启动姿势。

2. 在罚球线处执行急停后采取低位站姿，快速向后转身并返回到底线位置。

3. 使用前转身方式重复以上动作。

4. 全场训练选项：在罚球线、中场线、对边的罚球线和对边的底线位置以低位站姿停止。在每个位置使用两种转身方式并重新开始训练。每种移动都使用相应的口头语。

（三）低位双人训练

目标：指导球员对低位球员所需的基本技术进行训练，包括低位站姿、传球和接球以将球置于颌下护球。

准备：一个篮球、两名球员之间距离5米左右，一名球员位于低位位置。

步骤：一名球员采取无球的低位站姿，外线的球员则采取持球的快速站姿（三威胁姿势），两人进行传接球训练，每次接球后都将球置于颌下护球，两人重复进行传接球训练，每次一分钟。

选项：

1. 常规的内外低位姿势、传球和接球训练。

2. 不良传球变化训练：接球球员为了获得篮球必须放弃自己固有的姿势，接球时使用双手并将球置于颌下护球。

3. 击地传、接球、颌下护球和向外传球：传球球员朝低位的接球球员处执行击地传球，后者接球并将球置于颌下护球，再将球回传给传球球员，传球球员接球后再向低位球员的另外一侧击地传球，低位球员必须向右（左）侧进行滑步移动并使用双手接球，重复将球置于颌下的动作并再次将球回传给传球球员。

4. 将球回传给传球球员：低位球员采取低位站姿，背对传球球员。传球球员为低位球员传球并呼喊接球球员的名字，然后低位球员转身面向传球球员接球并将球置于颌下护球，然后将球回传给传球球员。

传球球员和低位球员（篮板球球员）采取低位站姿，传球球员投球或者向低位球员附近的空中抛球，低位球员模拟二打二的战术，追逐并抓住想象中的篮板球。教练应该指导球员在球反弹出球员所在区域时如何追逐篮球，双手接球并将球置于颌下位置护球。

（四）转身传球低位移动训练

目标：指导球员进行个人进攻低位移动。

准备：篮球、篮筐及反弹篮板辅助设备。

步骤：低位球员双手举过头顶抛球，接球后将球置于颌下护球，再使用下手转身向地面击地传球并接球，置于颌下护球，或者借助反弹设备为自己传球，在自己希望的接球位置背对篮筐接球。球员在每侧的罚球区针对每种低位移动方式重复训练3～5次。内线或者低位移动的序列包含以下几个元素。

1. 低位投篮——到中路。

2. 勾手跳投——绕罚球区。

3. 强行上篮——到底线、到中路（勾手跳投）。

4. 轮式移动——到底线、到中路。

5. 面对篮筐——跳投、投篮假动作跳投，以及交叉步低位移动或者活球移动。

（五）低位进攻训练

目标：让球员自己进行进攻低位移动的进阶式训练。

准备：篮球、篮筐及反弹篮板辅助设备或者其他接传球方式。

步骤：低位球员开始训练时使用手下转身方式为自己传球（或者借助反弹辅助设备进行传接球），并按顺序执行低位移动，每次移动时执行5次投篮。

1. 强行移动到底线——左侧，低位。

2. 勾手跳跃移动至中——左侧，低位。

3. 低位移动——左侧，低位。

4. 轮式移动——左侧，中路或低位。

5. 面向篮筐移动——左侧，低位。

6. 面向移动——高位，左侧肘部位置。

7. 重复相同的移动方式——右侧。

球员需要在执行每种移动方式时，完成5次投篮和两次连续命中的罚球，然后可以进阶到下一个移动方式（否则需要再次重复刚才的移动）。

（六）大间距和低位给球训练

目标：让6名球员在一个篮筐下以三角形站立，以及外线球员在篮筐的4个外线位置以大间距站立。

准备：篮球、带篮筐的半场场地及4名球员。另外一个半场两个篮球和一个篮筐，每侧由3名球员（一名低位球员和两名外线球员）组成的小组。

步骤：

1. 大间距

4名外线球员分别位于半场中的4个外线位置。球员使用常规的篮球或者加重的篮球尽可能快速地围绕外线球员进行传球（可以对反向传球进行计时）。

大间距训练学训重心：

（1）球员迈步进行传球，应该借助腿部力量传球。

（2）反向传球时球员之间的距离不能太大。

（3）球员应该围绕外线球员进行传球。

（4）接球球员应该使用V形切入方式来缩短传球路线。

（5）传球球员应该远离防守球员；接球球员双手举起并使用外侧手作为传球目标。

（6）教练应该着重强调球员应该强力转身迈步用身体保护传球路线并借助腿部力量大力传球。使用双手空中直传的传球方式。

（7）球员在每次传球时都应该喊出相应的口号。

2. 低位给球

罚球区每侧各站一名低位球员。两名外线球员间距5米左右站立，与自己所在一侧的低位球员一同进行训练。罚球区顶点的球员传球给自己一侧的侧翼球员，后者面向篮筐接球或者接球后转身面向篮筐并呼喊，提醒队友控球权优先寻找投篮、向低位给球、传球或者运球突破的机会。外线的侧翼球员然后将球回传给后卫球员并使用背后掩护从低位切到篮下。低位球员立即为外线球员做向下掩护并使用滑步移动或者再次背打。在第二次接到顶点的后卫球员的传球时，侧翼球员为低位球员给球。

低位给球学训重心：

（1）在低位使用虚拟的防守球员并指导球员如何在传球时远离防守球员（传球创造得分）。

（2）在传球、切入、掩护，以及持球或者针对外线球员执行"篮圈—低位—行动"概念时，坚持使用口头语提示。

（3）着重强调传球和接球原则，以及移动和旋转（转身）概念。

（4）注重对背后掩护、向下掩护和切入技巧的训练。低位球员必须远离掩护并滑步移动，在每次掩护时获得两种得分选择。

（七）高水平低位训练

目标：指导球员进行全部进攻低位移动训练。

准备：篮球、半场场地和篮筐。

步骤：在这个持续30分钟的训练中，只有按顺序完成所有的投篮方式后才会继续训练下一个移动方式，每天都按照比赛的节奏正确快速地重复训练。可以从自己喜欢的罚球区的一侧开始。

（八）二打二低位给球训练

目标：指导球员进行进攻和防守低位战术技术、为低位球员传球，以及传球后移动接队友回传球的训练。

准备：篮球、篮筐及4名球员组成一组。

步骤：两名进攻球员和两名防守球员围绕罚球区从各个不同位置训练低位战术，应用低位战术中全部的进攻和防守原则，两球员需要扮演传球球员的角色。防守球员获得球权时必须向外传球或者运球进行角色转换，外线进攻球员将球传给低位球员时执行V形切入接可能的回传球，并喊出低位球员的名字。

选项：

1. 两名外线球员不设防，外加一名防守和一名进攻低位球员。

2. 两名外线球员和两名低位球员各负责进攻，一名负责防守。外线球员在罚球区顶部持球开始训练，他运球到任意一侧的侧翼位置，进攻球员在该位置获得空位，低位球员可以切到高位或者向外移动为队友设立掩护（挡拆战术）。

（九）一打一低位对抗训练

目标：以一打一形式训练低位进攻和防守。训练以2～3次投篮命中或一分钟为限。

准备：3名外线人员（罚球区顶点和两个侧翼位置）、篮球、两名低位球员（一名进攻球员和一名防守球员）及一个篮筐。

步骤：进攻低位球员和防守低位球员站在罚球区内，3或4名球员站在外线。训练开始时，防守球员持球，他将球传给任意选择的一名外线球员；罚球区内的两名球员进行一打一比赛。将球传给进攻的低位球员前，可以传给任意一名外线球员。

学训重心：

1. 进攻：在低位线上采取低位站姿，创造身体接触并封阻对方，球员正对着将要为其传球的外线球员，获得并保持空位状态，安全地接球并以简单的方式得分。

2. 防守：避免身体接触，除非能够获得有利的位置或者其他优势，阻止外线球员为低位球员传球。

（十）五打五低位传球训练

目标：指导低位球员如何获得空位、接球、执行低位移动，以及解读防守球员的防守，并从低位向外传球。指导防守球员对低位球员进行包夹防守，以及在对方传球时如何从低位执行跟防。

准备：篮球、半场场地及10名球员（5名进攻球员和5名防守球员）。

步骤：3名外线球员和两名低位球员。防守方允许对刚进行第一次传球的低位球员进行一打一训练。设置包夹防守。在第一次传球后，所有训练都按照正常比赛进行。

（十一）低位防守得分训练

目标：指导低位球员接球并将球置于颌下护球，以及双脚通过防守球员或者阻挡其得分。

准备：5个篮球、一名持阻挡装置和篮球的防守球员。

步骤：5名球员，每名球员持一个篮球，在距离篮筐约2米的位置绕篮筐成半圆形站立。一名防守球员位于篮筐前面，手持阻挡装置，一名进攻球员从底线开始，接住持球员以转身后传或者击地反弹传球方式传来的球，接到球后将球置于颌下护球，不需要运球，转身并通过双脚强行移动与防守球员进行身体接触的方式得分。重复执行5次该动作（往）及5次返回动作（返），一共10次连续通过防守得分。球员之间轮换角色重复训练。

第四章　传、接球技术训练

第一节　原地传、接球训练

一、两人原地双手胸前"拉锯式"传、接球

训练安排：两人一组，一个球，全队分若干组等距离站在球场上。训练时，两人面对面站立，相距一臂远，共持一个球，一个队员按双手胸前传球的方法和要领做传球动作，而另一个队员按双手胸前接球的方法和要领做接球的动作。一人传一人接，做完传球做接球，做完接球做传球，但球始终没有离开两人的手一来一往，如同拉锯。每人做30～50次，放松一下胳膊再做。

目标：学习双手胸前传、接球的方法。

条件：

1. 两腿弯曲呈基本站立姿势。

2. 体会握球、传球、接球时的手法和指法，以及两臂传、接球用力的方向。

二、原地双手胸前向上传、接球的训练

训练安排：一人一球，原地双手胸前向上传球，然后自己双手胸前接住，传20～30次，放松后再做。

目标：体会手指手腕传球时的发力。

条件：尽量用手指手腕抖动的力量传球。球从双手的指尖传出。

三、两人原地双手胸前传、接球训练

训练安排：两人一组用一个球，全队分若干组，各组等距离分散站在球场上。按下列方法和要求做双手胸前传、接球训练。

1. 两人相距3~4米，要求用手指手腕的力量传球。

2. 两人相距5米左右，要求用手指手腕的力量带动小臂发力传球。

3. 两人相距6~7米，要求手指、手腕和上肢的协调用力传球。

4. 两人相距8~10米，要求手指、手腕、上肢和腰腹的协调用力传球。

5. 10米或更远的距离，要求手指、手腕、上肢、腰腹和腿部的协调用力传球。

然后按上述顺序逐个缩短传球距离，进一步体会各个部位的用力。

目标：

1. 学习掌握双手胸前传、接球的方法和要领。

2. 体会不同距离传球时，不同部位的用力方法。

条件：按双手胸前传、接球的方法和要领进行训练。

四、两人原地一分钟双手胸前传、接球

训练安排：两人一组用一个球，相距5米，全队分若干组等距离分散站在球场上，教练给信号后，两人开始传球，规定时间内看哪组传球次数多。

目标：

1. 提高传、接球的速度，特别是球出手的速度。

2. 提高队员训练的兴奋性。

条件：

1. 按双手胸前传、接球的方法和要领训练，不要有附加动作，接球就传。

2. 传球到位，球走直线。

五、双手胸前对墙传、接球训练一

训练安排：一人一球，在离墙3米处画一条线，队员站在线外，向墙上做双手胸前传、接球，一分钟为一组，计传球次数。全队分两组，轮换训练，看谁传的次数多。

目标：提高双手胸前传球的速度、力量和耐力。

条件：

1. 必须用双手胸前传球，注意正确的传球方法，越在累的情况下，越要注意运用正确的传球方法。

2. 传球时，脚不要踩线。

六、双手胸前对墙传、接球训练二

训练安排：一人一球，面对墙角2～5米的距离，向两面墙上做双手胸前传、接球，左一次右一次，传50～100次一组，完成若干组。

目标：

1. 掌握向不同方向传球的方法，提高手指手腕的力量。

2. 扩大传球时的视野。

条件：

1. 两眼平视墙角，身体特别是腰部不要左右转动。

2. 距离近时，用手指手腕的抖动传球，距离远时，注意全身的协调用力。

七、原地做各种传、接球的训练

训练安排：两人一组用一个球，全队排两队站在球场上，两人相距5米左右，按下列方法训练，每种方法传球30～50次。

1. 双手胸前传、接球（传直线球）。

2. 双手胸前传、接球（传击地球）。

3. 双手头上传球。

4. 左（右）手单手胸前（肩上）传、接球。

5. 左（右）手单手体侧（击地）传球。

6. 左（右）手单手背后（击地）传球。

7. 左（右）手单手头后传球。

8. 左（右）手勾手传球。

9. 运一下球后，左（右）手点拨传球。

10. 双手胸前传高吊球，对方跳起单、双手接球。

11. 单手肩上长传球。

目标：掌握并提高各种传、接球的方法。

条件：

1. 按各种传、接球的方法和要领严格地进行训练。

2. 传、接球没有多余的附加动作，接球动作的结束就是传球动作的开始。

3. 传球到位。

八、三人传两个球的训练

训练安排：三人一组，用两个球，B和C与A的距离为5米左右。每半场安排两组，落位同A组。训练时，B和C手中各持一球，分别传给A，A接到谁的球再回传给谁，一分钟后放松一下，然后与A轮换。每人在A位置上做若干组。

目标：

1. 提高手指手腕快速抖动的能力。

2. 提高快速传、接球的技术。

条件：

1. A接到球就传，A球一离手，另一只球就要马上传到A的手中。快速传球时应注意手指手腕的抖、翻、拨动作。

2. 各种传球接球方式，按教练的要求选择。

九、横移动接、传球的训练

训练安排：三人二组，站成三角形，其间距离5米左右。训练时，两人给1个人传。A向左侧起动跑接B的球急停，然后再回传给B。之后向右侧起动跑接C的球急停，再回传给C……连续做10次停接球为一组，三人轮换，每人在A的位置上完成若干组。

目标：培养队员养成上步找球接球的习惯。

条件：

1. 移动接球时，前几步可以横滑步，也可以起动跑，但最后迈步伸手接球时，步子一定要急促地跨跳出去，迎上接球。

2. 接球呈基本站立姿势后，再把球传出。

十、与急停结合的接、传球训练

训练安排：两人一组一个球，全队在球场上站两排，两人相距5米左右。按下列方法进行传、接球训练，每种方法做10～20次。

1. 两人面对面做，双手胸前接球一步（两步）急停。

2. 两人面向同一方向，单手勾手接球一步（两步）急停。

上述方法接球后，可结合投篮、突破假动作再传球。

目标：把传、接球与脚步动作结合起来，进一步熟练掌握传、接球的动作方法。

条件：

1. 传、接球动作要规范、正确，到位。

2. 接球的同时急停，急停后身体呈基本站立姿势，以便衔接下一个动作。

十一、接困难球的训练

训练安排：每人一球。A把球传给教练时，面对篮准备接教练的球。教练传前、后、左、右、高、低等不规则的球，造成A接球困难，但要求A把球接住，接球后做瞄篮、突破假动作后再回传给教练，连做5～10次为一组，换下一个队员训练。全队队员也可在两个篮同时训练。

目标：提高队员接各种困难球的能力，以及反应能力和灵活性。

条件：

1. 队员每次都要努力把球接到手，并且接球时及时地调整身体平衡，控制好重心，面对篮能衔接下一个攻击动作。

2. 每次接球前都要回到原来的位置。

第二节　行进间传、接球训练

一、面对面行进间双手胸前传、接球训练

训练安排：全队分两组，两组排头A与B的距离为12米以上，用一个球。训练时，A持球双手胸前传给迎面跑来的B后，快速跑到对面队尾。B行进间接球后快速传给迎面跑来的C，之后跑到对面队尾，依此连续进行。

目标：掌握行进间面对面传、接球的方法。

条件：

1. 用双手胸前传、接球。

2. 对方队员接到球时，方可起动，起动要快。接球时第一步要停步，迈第三步时将球传出，手脚要配合好，不要走步。

3. 掌握好面对面传球的力量和速度。

4. 保持好两队间的距离。

二、面对面跑动中接球急停后的传球训练

训练安排：全队分两组，面对面站位。在跑动中接球急停的同时，把球传出，传球后跑到对面队尾。可运用下列方式传球。

1. 双手胸前传、接球。

2. 双手击地传球。

3. 单手胸前或肩上传球。

目标：在跑动中掌握传、接球和急停的技术，并把传、接球和急停结合起来。

条件：同训练一。只是接球急停时，步伐要果断，不要走步。

三、侧面行进间传、接球训练

训练安排：全队分两组，分别站在中线后两侧，两组相距约10米，用一个球。开始时A持球将球传给侧跑上来的B后，跑到另一组队尾。B跑动中接球后，再传给另一组侧跑上来的C……依此连续进行。传球方法可采用下列方法。

1. 双手胸前（直线、击地）；

2. 单手胸前；

3. 单手肩上；

4. 单手体侧；

5. 单手背后；

6. 单手头后；

7. 双手低手（两队距离缩短，传球距离近）；

8. 单手候手（距离同双手）。

目标：掌握跑动中各种传、接球方法。

条件：同训练一。

四、四角直线双手胸前传、接球训练

训练安排：全队分四组，用一个球。A传给B，B传给C，C传给D……连续进行。把球传给谁，传球后就跑到谁的队伍。

目标：

1. 掌握跑动中传、接球的方法。

2. 提高行进间快速传、接球的能力。

条件：

1. 必须用双手胸前传、接球，球走直线。

2. 前一个队员接到球时，方可起动跑，起动要快。接球迈出第一步，迈第三步时传球，传球要到位。待技术熟练后，可变成接到球后立即传球。

3. 为加大训练密度，在掌握训练方法后，可同时用两个球或三个球训练。

4. 为提高队员集中注意力，采用多球传球时，要求连续传若干次或者若干时间不准失误，如果失误，重新开始。

五、四角传球上篮训练

训练安排：全队分四组。训练时，A持球传给向前跑动的B，B接球后传给C，C传给D后，摆脱向篮下切入，接D的球上篮。D抢篮板球，再按A上述传球的顺序和方法训练……依此连续进行。为了提高队员集中注意力，要求连续传球若干次不失误，包括不让篮板球落地在内，可用两个球甚至三个球同时进行训练。

位置轮换：把球传给谁，就跑到谁的队伍后面。

目标：提高行进间传、接球的能力和传球的准确性，并把接球与上篮技术结合起来运用。

条件：

1. 前一个队员接到球时，方可起动跑。

2. 接球后侧对传球方向，两眼平视，用余光观察接球队员。

3. 为加大训练的难度并掌握后转身传球技术，待队员掌握训练方法后可要求接球后直接做270°的后转身传球。

六、全场绕三分线跑动中传、接球训练

训练安排：每人一球站在端线外。训练时，A将球双手胸前传给a后，立即快速起动，绕跳球圈做侧身跑，在跑动中用外手单手接a的球后，立即变双手胸前传球给b……直至接c的球上篮，上一个队员过中线后下一个队员开始训练，最后一个队员做完后再从另一侧做回。

目标：掌握全场快速弧线跑动中传、接球的方法。

条件：

1. 在快速跑动中完成传、接球，不得走步。

2. 传球要准确到位，传球后要加速起动。

七、快速跑动中的传、接球训练

训练安排：全队分两组，一组做原地传接球，另一组每人一球做移动中传接球。上一个队员过中线后，下一个队员开始训练，训练5～6分钟后，两组交换。

目标：提高在快速跑动中传、接球的能力。

条件：

1. 传球后加速，在快速跑动中完成传、接球技术。不许走步。

2. 传球准确到位。

3. 不准运球。

八、插中接应与长传球的训练

训练安排：全队分四组。训练时，D手中持一球先落在右侧前锋位置上，A插中接D的球后，立即用双手吊传给从中线快下到前锋位置上的B，B接球后，C插中接应接B的传球，A接球后再双手长吊传给从中线快下到前锋位置的E……依此连续进行。为加大训练密度，队员掌握训练方法后可用两个球同时从两侧训练。把球传给谁，就快速跑到谁的队伍后面。

目标：学习并掌握插中接球和长传球的技术，提高其传、接球的能力。

条件：

1. 上一个队员接到球后，再快速起动插中或快下。

2. 在快速跑动中完成传、接球技术。

3. 传球到位，人球相遇。

九、插中接应后转身长传球的训练

训练安排：当插中接应后立即接后转身，然后用双手胸前传给快下的队员，后转身的方法是在伸手接球的同时，先伸右腿（左腿），一旦手触到球，就以此脚为轴做后转身，然后立即将球传出。

目标：学习并掌握插中接应后转身接、传球技术。

条件：同训练八。

十、两人直线跑动传、接球训练一

训练安排：两人一组一个球，全队分若干组从两侧同时训练。上一组过中线后下一组开始训练。

目标：提高行进间快速传、接球技术和能力。

条件：

1. 用双手胸前传、接球，传球到位，传球后要加速。

2. 以最快的跑动速度完成传、接球。

3. 两人一趟传球，次数为5次或3次，不准运球，投篮后球不准落地。

十一、两人直线跑动传、接球训练二

训练安排：两人一组一个球。全队分若干组，上一组到弧顶时下一组开始训练，全队都到端线后，第一组再做回。下列方法，每种各做2～3个往返。

1. 双手胸前传、接球。

2. 双手胸前击地传球。

3. 单手肩上接球单手肩上传球。

4. 双手接球后变单手体侧停球（用靠近接球队员的那只手传球，注意运用展部虚晃的假动作）。

5. 背后（头后）传球。

目标：提高行进间各种快速传、接球技术。

条件：

1. 在快速跑动中，完成各种传、接球技术。

2. 传球到位，传球动作正确，不得走步。

十二、三人快速移动传、接球训练

训练安排：三人一组用两个球，全队分若干组站端线外。训练时，第一组A和B各持一球，A将球先传给C后，向前跑动，在跑动中接B的传球后立即又回传给向前跑动的B，然后在跑动中接C的球再回传给C……直至对侧端线。

前一组过中线后，下一组开始训练，最后一组到端线后，第一组再做回。各组轮换做中间位置的传、接球队员。

目标：提高快速移动中快速传、接球的技术和反应能力。

条件：中间队员面对前方，两眼平视，用余光观察两侧队员。传、接球时，腰部不得向左、右转动。传、接球要快，不要有附加动作，用双手胸前传球。

十三、跳起空中传球

训练安排：全队分四组，分别站在两个篮侧前锋位置上。训练时，A和D分别站在两个篮下，A向篮板上抛球后，自己跳起抢篮板球，在落地前用双手头上传球的方式将球传给由边线起动跑的B，B接球后立即长传给向篮下空切的C，C接球后向篮抛球，站在篮下的D跳起抢篮板球，并在空中用双手头上传球的方式传给起动跑的E。依此连续训练。

目标：结合抢篮板球和接应，掌握跳起传球和长传球技术。

条件：

1. 掌握好跳起抢篮板球的时机，跳传时，注意向外转体和腰腹力量的用力。

2. 传球准确到位，人球相遇。

十四、抢篮板球后的长传训练

训练安排：两人一组一个球。训练时，A抢篮板球后，用单手肩上长传给从中线快下的B，B接球后上篮，C抢篮板球按A的方法传给D，D上篮……依此连续训练。用两个球、两个篮同时训练。A传球后到B队尾，B上篮后到C队尾，C到D，D到A……

目标：结合抢篮板球和快下，掌握单手肩上长传球技术。

条件：

1. 抢到篮板球后，直接做长传球。

2. 传球要准确到位，人球相遇。

十五、移动传切配合的连续传、接球训练

训练安排：全队分两组，一个球。训练时，A在弧顶左后卫位置上持球瞄篮，B快速起动跑到右后卫位置上接A的球，A传球后摆脱空切，之后跑到另一侧队尾，B接球后瞄篮，传给从左侧跑上来接球的C后，做摆脱空切，之后跑到另一侧队尾……依此连续进行。

目标：在连续空切配合中，掌握各种传、接球技术及其运用的方法。

条件：

1.用双手胸前、单手体侧等各种方式传球。

2.接球急停时要面对篮，接球步法要清楚，不得走步。

3.摆脱后，起动要突然、要快。

十六、移动策应配合的传、接球训练

训练安排：全队分两组，用一个球。训练时，B在弧顶外持球，A上移并到外中锋位置上做策应，接B的球，B传球后向篮下空切，之后跑到另一队尾，这时，D立即上移到B原来的弧顶位置，接A的策应传球，A传球后做下顺要球，然后跑到另一侧队尾，这时C上移去策应……依此连续进行。

目标：在移动策应配合中，掌握各种传、接球技术及其运用的方法。

条件：

1.外线队员可用各种隐蔽的方式传球，策应队员应用双手头上传球。

2.空切或下顺时，起动要快，要做伸手要球的动作。

第三节　有防守的传、接球训练

一、阵地两人传球一人防守的训练

训练安排：三人一组，用一个球。两人传球，一人在中间防守，传球队员相距3～4米，防守队员手触到球就算传球队员失误，由失误者换到中间做防

守，全队分若干组分散在球场内训练。

目标：在有防守的情况下，提高各种传、接球技术的运用能力。

条件：

1.运用假动作制造传球机会。

2.注意传球的隐蔽性，传球动作要小，球出手要快。

二、三人传球两人防守的训练

训练安排：五人一组，用一个球，三人传球，两人防守。全队分三组分别在三个跳球圈进行训练，防守队员手触到球就算传球队员失误，由传失球队员防守，先做防守的队员换下传球。

目标：在有防守的情况下，提高传、接球的运用能力。

条件：

1.传球队员必须有一只脚踩住跳球圈的线，否则算违例，违例队员做防守。

2.注意运用假动作制造传球机会。

3.传球要隐蔽，动作要小而快。

三、全场固定防守人的传、接球训练

训练安排：在全场三个跳球圈内设三个固定的防守人，其他队员两人一组一个球，从端线开始向另一侧篮下传球推进，通过a、b、c的防守最后上篮，防守队员手触到球或抢断球后，与传失或接失队员交换。上一组过中线，下一组开始训练，最后一组上篮后，第一组再做回。

目标：在有防守的情况下，提高全场快速传、接球推进的技术。

条件：

1.开始训练时，可以运一次球，待技术熟练后，不准运球只许传球。

2.注意假动作的运用，为传、接球创造机会。

3.在快速移动中，完成传、接球技术。

四、全场二攻一的传、接球训练

训练安排：三人一组一个球。两人进攻一人防守，全队分若干组从端线开始。训练时，由防守队员把球交给进攻队员，两人快速向对侧传球推进上篮，防守队员积极防守，前一组过中线后下一组开始训练，最后一组做完后，第一组做回。三人轮换做中间防守队员或防守成功后变为传球队员。

目标：在接近比赛的情况下，提高行进间传、接球推进技术。

条件：

1.两个传球队员间的距离不得拉得太近，应保持在5米左右。

2.只准传球不准运球。

3.传球后应快速起动摆脱。

4.防守队员应靠近进攻队员防守，不得一下子退到中场或后场防守。

五、全场二对二的传、接球训练

训练安排：四人一组，一个球，两人进攻两人防守，进攻队员传球后做摆脱空切，或做摆脱斜插接球，推进到对侧上篮，然后攻守交换做回来换下一组训练。防守队员抢断球后可以打反击，然后原传球组再继续训练。

目标：在有防守的情况下，提高队员摆脱传、接球的能力。

条件：

1.为加大传、接球的难度，接球后不准运球，只能传球。

2.摆脱接球时，起动要快。

3.传接球队员注意假动作的运用，并注意相互间的默契配合。

六、全场三对三的传、接球训练

此训练同前一个训练，只是改为三对三，而且传球后除自己摆脱空切外，可以给同伴掩护或利用同伴的掩护摆脱接球。

七、半场三对三的传、接球训练

训练安排：六人一组，三人进攻三人防守，用一个球。在半场进行，进攻队员接球后，不许运球，出现投篮机会时可以投，哪组抢到篮板球哪组进攻。

目标：结合实战，提高传、接球技术。

条件：

1. 传球后立即摆脱空切或掩护。

2. 接球时，注意摆脱，注意利用同伴的掩护摆脱接球。

3. 进攻队员注意自己的落位和移动，最好按本队的配合或战术方法移动传、接球。

4. 此训练也可在四对四或五对五的情况下进行。

第五章　运球训练

第一节　原地运球训练

一、原地一人一球的训练

训练安排：全队排两横队，队员左右间隔3米，前后5米，每人一球按下列方法做原地运球。

1. 原地左（右）手运球，运球高度在胸腰间。

2. 原地左（右）手低运球，运球高度在膝以下。

3. 原地左（右）手高运球立即变高频率的低运球。

4. 原地左（右）手体侧向前向后的"前推后拉"运球。

5. 原地体前变向换手运球（左右各一次）。

6. 原地左手向右变向（右手向左变向）不换手运球。

7. 原地背后左（右）手变向换手运球（左右各一次）。

8. 胯下向前向后的左（右）手变向换手运球。

9. 原地后转身"拉球"运球。

10. 原地运球中同时做原地快跑运球，训练手脚的协调配合。

11. 左右腿前后交叉箭步跳，同时左右手在膝下做变向运球。

12. 左右腿前后交叉箭步跳，同时左右手胯下向后变向换手运球。

13. 原地运球的同时变为坐在地上运、躺在地上运，然后坐起再站起来……反复进行。

14. 原地一人同时运两个球（左右手各运一个，运球高度在腰胸之间）。

15. 原地一人同时运两个球，由高运到低运，再到高运，反复进行。

16. 原地运两个球，一个在前一个在侧，然后顺时针（或逆时针）变向，两个球同时换手运。

以上训练方法，每种左（右）手各做10次左右，或者选其中的几种方法，每种方法练30秒左右。

目标：

1. 学习并掌握各种运球的方法。

2. 提高手指手腕对球的控制能力。

条件：

1. 各种方法都应从基本站立姿势开始，在训练中保持两腿弯曲的姿势。

2. 运球时不要低头看球，两眼要平视前方，提高手指手腕对球的感应能力。

二、原地一人运两个球的训练

训练安排：两人一组用两个球，一人运球一人休息，运30秒钟后两人交换，按下列方法训练。

1. 两手高、低变换运球。

2. 两手同时做前推、后拉的运球。

3. 两手同时做左、右变向的运球（不换手）。

4. 一手体前运球，一手做体侧运球，然后两手同时变向换手运球，体前的由体前变向，体侧的由身后变向，连续训练。

5. 两脚左、右开立，两个球从胯下变向运球。

6. 从站立到坐下，再到躺下，两个球始终在体侧不停地运。

目标：掌握各种运球方法。提高手指手腕对球的控制能力，熟悉球性，提高运球的协调性。

条件：运球时，不要低头看球。

三、指尖运球的训练

训练安排：全队站在球场上，按下列方法运球，每种方法每只手指尖运球半分钟左右换另一只手运球。指尖运球指的是五个手指头的指尖触球，而其他部分不得接触球。

1. 在体前侧上方用指尖运球。

2. 球放在地上，用指尖快速抖动把球拍起来，然后拍下去，连续做。

3. 原地用大拇指、食指和中指指尖运球，然后变成中指、无名指和小指指尖运球，再变为小指和大拇指指尖运球。

4. 坐在地上，在体侧用手指指尖运球，然后拍下去，连续做。

5. 坐在地上，两腿伸直，在体前处越过双腿做变向不换手运球。

目标：提高手指尖对球的控制能力和感应能力。

条件：

1. 运球时的技术动作按运球时的动作方法要领，只准指尖触球，其他部位不得接触球。

2. 注意力要集中，体会指尖用力和触球的感受。

3. 不要低头看球。

第二节　行进间运球训练

一、综合运球训练

训练安排：全队分两组站在端线两侧，每人一球，从一侧端线运球到另一侧端线，上一个队员接近中线时，下一个队员开始，最后一个队员做完后再做回。按下列方法训练。

1. 跑动中高运球。

2. 快速运球。

3. 变速运球。

4. 体前变向换手运球。

5. 体前变向不换手运球。

6. 快跑中高运球突然急停变低运球。

7. 背后变向换手运球。

8. 胯下变向换手运球。

9. 后转身运球。

10. 做后转身假动作运球。

11. 运球急停。

12. 运球急停，做原地碎步运球，同时腰部做左右虚晃假动作，然后突然起动。

13. 运球急停后做后转身运球假动作，然后加速起动运球。

目标：

1. 学习并掌握各种行进间运球的方法和要领。

2. 提高行进间运球时手脚配合的协调性。

3. 提高手指手腕控制球的能力。

条件：运球时不要低头，两眼注视全场。

二、在走步中做胯下变向运球

训练安排：全队每人一球，队员在走动中运球，每迈一步，从胯下做一次变向换手运球。

目标：

1. 提高手指手腕对球的控制能力。

2. 提高运球时手脚配合的协调性。

条件：

1. 从体前向后做胯下变向。

2. 运球时，不要低头看球。

三、行进间一人运两个球的训练

训练安排：全队分两组，从球场的一端线运球到另一端线，按下列方法训练，每种做两个往返。

1. 快速运球。

2. 运球急停。

3. 高运球急停后变低运球，连续做。

4. 运球急停后，一手做体前变向，一手做体后变向运球，再起动……连续做。

5. 运球急停后，一手做体前变向，一手（两手）做胯下变向，之后再起动……连续做。

目标、条件同前一个训练。

四、绕圈运球的训练

训练安排：全队分六组，每组一个球。训练时，每组的排头听到教练的信号后，快速起动运球，按逆时针的方向绕跳球圈一周后运回原位置，把球递交给本组的同伴，同伴按同样的方法运球，几个组进行比赛，看哪组运球速度快。

目标：掌握并提高弧线运球的技术和速度。

条件：绕圈运球时，重心要低，注意脚的内、外侧用力，身体向圆心倾斜。

五、快速弧线运球的训练

训练安排：全队分四组，分别站在两个篮下的两侧端线。训练时，A组和B组的每个队员持球，开始由A和B运球分别绕过三个跳球圈到另一端线将球传给C和D，C和D按同样的方法运到对面传给下一个队员。依此连续训练。把球传给谁，就跑到谁的队位后面。为加大训练密度，也可以四个组同时用四个球按上述方法训练。训练时注意相互闪躲，以免相撞。

目标：掌握并提高弧线运球技术，以及提高弧线运球时变速变向的技术。

条件：

1. 用外侧手运球，变向换手后要加速起动。

2. 注意闪躲，相互间不要撞上。

六、全场曲线运球的训练

训练安排：全队成一排站在端线外，每人一球，排头开始运球绕三个跳球圈到另一侧上篮，然后再运球返回上篮后排队尾，前一个队员接近中线时，后一个队员开始训练。

目标：掌握弧线运球时变速变向的技术。

条件：

1. 用外侧手运球。

2. 变向换手后，要加速运球。

3. 相互之间，注意闪躲，不要撞上。

七、运球综合技术的训练

训练安排：全队分四组，每组排头各持一球。训练时，每组的排头向中圈快速运球，到中圈后做急停，急停后做转身，转身后将球传给另一组的下一个队员，接球后按上述方法连续训练。为了保持良好的训练秩序，队员每次接球后，听教练的信号统一开始。把球传给谁，就跑到谁的队伍后面。

目标：掌握运球与其他技术组合运用的方法，并提高运用能力。

条件：

1. 接、运、停、传整套动作要连贯，不要有多余的动作。

2. 传球方式按教练的要求做，可以用双手、单手等多种方式，传球要到位。

第三节　对抗运球训练

一、全场一对一攻守训练

训练安排：两人一组用一个球，全队分若干组。训练时，从端线开始一人运球，一人防守，运球队员运用各种运球方法突破防守队员的防守到对侧上篮，然后两人攻守交换从另一侧做回。上一组过中线后，下一组开始训练。每人攻守10次。

目标：在对抗中，提高各种运球技术。

条件：

1. 根据防守队员的防守情况和防守特点，合理地运用各种运球技术。

2. 技术变化要突然，变向后要加速起动，并注意运用假动作突破防守。

二、全场一攻四守的运球突破训练

训练安排：四个队员做防守，其他队员每人一球站端线外。训练时A先运球突破a和b的第一道防线，然后突破c和d的第二道防线，之后上篮。上一个队员过中线后，下一个队员开始，依此连续训练。若干个往返后，轮换防守队员。

目标：提高队员运球突破防守的能力。

条件：

1. 防守队员不得过中线。

2. 进攻队员注意运用假动作迷惑防守队员，在接近防守队员时瞄准机会突然加速突破。

三、行进中接球急停，突破运球的训练

训练安排：教练Ⅰ和Ⅱ传球，四人做防守，其他队员每人持一球分两组站在罚球线。训练时，A传球给教练Ⅰ，然后拉边接教练Ⅰ的球在a的防守面前急停，急停后运用假动作突破，到前场后再突破d的防守上篮，另一侧B同A的方法一样，只是从另一侧开始训练。

位置轮换：A上篮后立即跑到d的位置上做防守，d抢篮板球后到B的队尾。另一侧B上篮后立即到c的位置上做防守，c抢篮板球后到A的队尾。a和b继续防守，定时轮换。

目标：

1. 掌握行进中接球急停和运球突破防守队员的方法。

2. 在有防守的情况下，提高运球突破的技术。

条件：

1. 在快速运球中完成整套技术动作，根据防守队员的防守情况和特点，运用假动作抓住机会突破上篮。

2. 防守队员要紧逼运球队员，但A和B不要越过中线。

四、行进间接球转身运球突破的训练

训练安排：基本上同上一训练，只是在A拉边接球时，运用后转身（右手放球）或前转身（左手放球）运球突破的方法突破a的防守（如果A从左路边线接应，转身时放球手相反）。其他同上一训练。

目标：掌握行进间接球转身突破时放球的方法，提高运球突破防守队员的能力。

条件：根据防守队员的位置选择后转身或前转身的方法，转身放球时注意肩部保护球的动作。

五、运球中结合传、接球的一打一训练

训练安排：教练Ⅰ和Ⅱ传球，队员a和b做防守，其他队员每人一球站在端线外。训练时，A快速运球，在中线附近传给前锋位置上的教练Ⅰ，接教练Ⅰ的回传球后运球突破a的防守上篮或急停跳投，A投篮后立即抢篮板球从另一侧快速运球传给中圈的教练Ⅱ，接教练Ⅱ的回传球后，从中场附近运球突破b的防守上篮，然后排在队尾，训练若干往返后，替换a和b防守。上述方法也可变成，A上篮后立即替换a防守，a抢篮板球快速运球中传给教练Ⅱ，然后接教练Ⅱ回传球后运球突破b的防守上篮，a上篮后马上替换b防守，而b排队尾……依此连续训练。

目标：提高队员在快速运球中传、接球的能力和一打一的能力。

条件：

1. 在快速运球中传球要及时、准确。

2. 一打一时注意运用假动作，引诱防守队员失去重心和有利的防守位置后，立即攻击。

六、全场一打一运球加传球后摆脱的训练

训练安排：教练Ⅰ和Ⅱ传球，队员两人一组一个球，一人进攻一人防守。进攻队员A从端线开始运球积极防守，在攻守中，A将球传给中圈附近的

教练Ⅰ后，摆脱防守接教练Ⅰ的球，然后向前场运球推进，过中线后，传给在弧顶附近做策应的教练Ⅱ，然后摆脱防守接教练Ⅱ的球进攻。上一组过中线后，下一组再开始训练，最后一组做完后，第一组再做回。依此连续进行。

目标：提高运球队员在有防守的情况下传球的准确性，以及传球后摆脱接球的能力。

条件：

1. 运球时要注意观察防守人及自己同伴的情况，抓住机会及时地传、接球或攻击。

2. 运球时注意保护球。

七、全场一打一运球加传切的训练

训练安排：A和B分别落在两个篮的前锋位置做进攻，而a和b分别防守A和B，其他队员两人一组一个球，一人进攻一人防守。C由端线运球进攻而c防守，过中线后，C抓住机会及时地将球传给A，然后摆脱防守空切篮下，接A的球投篮，投篮后C和c两人都去抢篮板球，直至C投中或c抢到篮板球后，两人攻守交换从另一侧按上述方法做回。前一组投篮时，下一组开始训练。

目标：提高队员运球推进的能力，以及到前场后传球和传球后摆脱空切的能力。

条件：运球时既要保护球又要观察同伴摆脱接球的情况，而在前场接球的同伴也要与运球队员配合好，可适当地扩大活动范围，如果防守队员死卡上线不让接球，可采用底线反跑接球，因此应加强传、接队员之间的默契配合。

八、运球中突然传球的训练

训练安排：A和B先固定在后场靠近中场的边线位置上做进攻队员，a和b分别防守A和B，其他队员两人一组，一人进攻一人防守。如C运球，c防守，c积极堵C的中路，迫使C向边路运球，以便在中场附近与b形成夹击，C在运球中，在对方刚要夹击还未形成夹击时，突然将球传给B，B接球后攻击。D一侧的训练方法同A，然后攻守交换。训练若干次后与A、B和a、b轮换位置。

目标：提高运球时防止对方夹防的意识以及掌握破夹防的方法和技术。

条件：

1. 运球时要观察防守队员的意图和方法，并及时识破、及时应变。

2. 一定要抓住防守队员刚上来夹防但还未形成夹防的时机将球传出。由走球到传球，要隐蔽自己的意图和传球目标，而且传球要隐蔽、突然。

九、全场二打二的运球训练

训练安排：四人一组一个球，两人进攻两人防守。训练时，进攻队员B把球传给A，A运球向前场推进的过程中，随时将球传给摆脱的同伴B，B接球后不许运球，应将球回传给摆脱的A，A可以运球推进，直至到前场投中篮或对方抢到篮板球，然后攻守交换，按同样的方法做回，排队尾。下一组开始训练。

目标：结合实战，提高队员运球推进和运球时传、接球的能力，以及摆脱的能力。

条件：

1. 运球队员推进时，既要保护球又要观察场上其他人的情况，以便及时把球传给摆脱的同伴。

2. 8秒钟推进过中线，一次进攻时间不得超过24秒。

3. B只能传球，不可运球。

十、前场左侧一打一运球上篮的训练

训练安排：a在左侧弧顶外做防守，全队每人一球在中线站一排。训练时，A从中场左侧用右手运球，在罚球线附近贴近防守者a时，突然跨步用右手低手上篮。跨步有两种方法：一是左脚向左侧前上方跨出，跨出时做踏跳的动作，同时抄球上插右腿，右肩迅速在a的前面做绕杆和探步的动作上篮，实际上是跨一步半上篮。二是抄球时，左脚向左侧横跨一步，紧接着右脚向前方跨出并做踏跳动作，同时右肩迅速在A前面做绕杆和探步的动作上篮，实际上是两步半上篮。上篮后自抢篮板球排队尾。

目标：全场反击时，提高队员在左侧一对一的能力。

条件：

1. 运球敢于靠近防守人，而且要主动贴近，正面直冲防守队员运球，吸引对方上来抢球，以便为跨步摆脱超越对方创造条件。

2. 动作变化要快，要突然。注意保护球。

十一、半场运球一攻二的训练

训练安排：三人一组，一人进攻两人防守，全队分若干组站在中线，教练固定在罚球线做策应。训练时，A运球，a和b防守，A如果突破a和b的防守可直接上篮，不成可在运球中传球给教练，然后做摆脱空切，如果A进攻成功则继续进攻，失误则和防守队员轮换。全队可在两个篮同时训练。

目标：在困难的条件下，提高运球技术和运球能力。

条件：

1. 开始训练时，为帮助进攻队员提高运球技术和运球能力，防守队员只准用脚步移动堵防，而不准用手打、抢球，待技术水平提高后再加上手的防守。

2. 运球队员注意不要向边角运球，以免对方在死角夹防。

第六章　投篮技术训练

第一节　原地投篮训练

一、原地单手肩上投篮

训练安排：全队分六组，每个篮三组，距篮约3米，每人一球。训练时，排头队员做原地单手眉上投篮，之后自己抢篮板球排队尾，投若干次或若干分钟后，各组交换位置再投，根据队员技术动作掌握的情况，投篮距离可缩小或拉大，即从1米—7米—1米，体会不同距离投篮时的用力和出手。

目标：学习并掌握原地单手肩上投篮的技术动作和方法。

条件：每次投篮都要按正确的动作方法和要领去做，用心体会投中篮的感觉。

二、原地双手胸前投篮

训练安排：全队分四组，每个篮两组站在罚球线处，每人持一球。训练时，排头先做原地双手胸前投篮，之后自己抢篮板球排队尾，下一个队员投，依此连续，根据队员掌握技术动作的情况，投篮距离可变化，从5米—7米—5米，体会不同距离投篮时的用力。待投篮动作基本掌握后，再扩大投篮点。

目标：学习并掌握原地双手胸前投篮技术动作。

条件：每次投篮都要按动作方法和要求去做，体会投篮的要领和投中篮的感觉。

三、原地单手肩上跳投

训练安排：全队分四组，每个篮两组，站在距篮2米处的正面，按次序做原地单手肩上跳投，根据队员技术动作掌握的情况，投篮距离可从2米—7米—2米，体会不同距离全身协调用力的方法。

目标：学习并掌握原地单手肩上跳投的技术动作和方法。

条件：

1. 按跳投的方法和要领进行训练。

2. 全身用力协调，掌握好球出手的时机。

3. 体会投中篮的感觉。

四、接球单手肩上跳投

训练安排：全队分两组，分别在两个篮弧顶面向篮站立，每人一球（或者两人一组一个球），全队分若干组分散在两个篮，一人传球一人投篮。教练站在前锋的位置上做传球。训练时，A将球传给a，然后在罚球线附近接教练的回传球做单手肩上跳投，队员按顺序训练。

目标：掌握接球后跳投的动作方法。

条件：

1. 接球时采用一步急停或两步急停均可，但接球与急停动作要协调，不要脱节。急停时就要屈膝，急停的结束就是起跳动作的开始。

2. 起跳、举球和球出手整个技术动作要协调。

五、运球急停单手肩上跳投训练一

训练安排：全队分四组，每两组分别在中圈与三分线中间站位，每人一球。训练时，队员运球至罚球线附近时，做急停单手肩上跳投。队员按顺序训练。

目标：掌握运球急停后单手肩上跳投的动作方法和要领。

条件：

1. 应先在中速运球中做急停，一步两步均可，待掌握技术后再在快速运球中完成急停跳投。一般来说，中速时采用一步急停，快速时采用两步急停。

2.急停、起跳、举球、球出手要协调一致。

六、运球急停单手肩上跳投训练二

训练安排：队员运球时，运球的轨迹是弧线。急停时，是在篮圈的侧面，因此就要求运动员在急停时特别要注意脚尖对准篮，即脚尖和腰胯有一个向内转动的动作，以保持正面对篮。

目标和条件同上训练一。

七、五点接球跳投

训练安排：三人一组，用两个球，一人投篮，一人传球，一人抢篮板球。投篮队员A按马蹄形做五点跳投，在每个点上投中三个球后换下一个点。五个点都投完算一组，之后三人交换，每人完成若干组。投篮距离根据自己所打的位置和特点自己选择。

目标：

1.提高接球后快速投篮技术。

2.提高不同位置上的投篮命中率。

条件：

1.接球后立即投篮。

2.每次训练可选择两个不同的距离投篮。

3.传球队员应在投篮队员刚把球投出时，马上又传给他球，以此增加训练密度。

八、接球、运球、急停、跳投

训练安排：两人一组一个球，开始时，A在三分区外运球，在中距离或远距离的位置上做急停跳投，之后冲抢篮板球传给B，然后跑到原来开始运球的位置上。B接球后快速运球急停、跳投、冲抢篮板球、传球给A，然后跑到原来运球的位置上。A和B依此连续进行，在规定时间里记投次与投中次。

目标：提高运球急停跳投的命中率。

条件：在中速或快速运球中做急停跳投，急停要突然，起跳要快速。

九、结合假动作的投篮

训练安排：每个篮安排三个人训练，每人一球，在中距离按下列方法进行训练。

1. 以右脚为轴，用左脚向左侧做假动作，然后立即投篮。

2. 以右（左）脚为轴，用左（右）脚向左（右）侧前方做假动作，然后立即投篮。

3. 以右（左）脚为轴，向右（左）侧前方迈左（右）脚的同时，运球交叉步突破急停快速跳投。

4. 以右（左）脚为轴，做同侧步突破一步后急停跳投。

目标：掌握结合假动作投篮的方法并提高命中率。

条件：

1. 假动作做得要逼真。做假动作的速度可慢些，假变真时要快。

2. 脚步动作要清楚，不要走步。

十、三点定位投篮

训练安排：两人一组一个球，一人投篮，一人抢篮板球后传给投篮队员。中、近距离投篮。每个点各投5次后，两人交换。记投中次。每人完成若干组。

目标：提高三个点的投篮命中率。

条件：

1. 接球就投篮，接球的结束就是投篮的开始。

2. 体会投中篮的感觉。

十一、快速投篮

训练安排：三人一组，用两个球，一人投篮，一人抢篮板球，一人传球。

投篮人自己选择投篮点和投篮距离。投5分钟后三人交换，每人完成若干组。

目标：

1. 提高快速投篮的能力。

2. 提高命中率。

条件：

1. 在5分钟内要求投中20次以上。

2. 接球就投篮，没有多余的动作。

十二、连中投篮

训练安排：两人一组，一人投篮，一人抢篮板球后传球。自己选择投篮点，中、远距离。可原地投也可挑投，按下列要求训练。

1. 连中两球为一组，完成3～5组为一大组，然后两人交换，每人完成若干大组。

2. 连中三球为一组，完成3组为一大组，然后两人交换，完成若干大组。

3. 内线队员连中5～7个球为一组，完成3组为一大组，完成若干大组。

目标：

1. 在一定难度下，提高投篮的命中率，完成投篮任务。

2. 提高运动员集中注意力的能力和严格要求自己的能力。

条件：

1. 注意力要集中，注意克服心理障碍。

2. 体会投篮连中的感觉。

第二节　上篮训练

一、运球单手高手上篮

训练安排：队员每人一球，排一纵队，纵队站在右侧中场与圈顶之间距边线约3米处。训练时，排头用右手向篮下运球，运到罚球线附近时三步用右手高手上篮。上篮后在球未落地前接住球，然后运到左侧中场，待最后一个队员上篮后，从左侧用左手运球及左手高手上篮。

目标：掌握左右手运球高手上篮技术动作方法和要领。

条件：

1. 先在慢速或中速训练三步上篮，基本掌握动作方法后，再在快速中完成三步上篮。

2. 掌握上篮角度和上篮距离。

3. 前一个队员抢篮板球后，下一个队员再开始训练。

二、运球单手低手上篮

训练要领、目标和条件同训练一，只是起步的距离稍远一些，低手上篮时距离篮为一大步。

三、接球上篮

训练安排：队员在中线右侧排一纵队，每人一球。A将球传给a后，做摆脱向篮下快速起动空切，接教练的回传球用右手上篮。上篮后在球未落地之前抢到球，运到左侧，待最后一个队员上篮后，从左侧按上述方法用左手上篮。

四、接球后运球上反篮

训练安排：队员每人持一球在右侧面锋位置站一排。教练站在右后卫位置上传球。A将球传给教练，然后做摆脱接A的回传球后，快速从底线近球突破，用右手上反篮，再从左侧按同样的方法用左手上反篮。

目标：掌握左（右）手上反篮的技术。

1. 起跳的第二步（从右侧运球时，左脚）脚尖伸向45°，这是比较好的上篮角度。

2. 上篮后的另一手臂高抬，保护球。

五、双脚起跳上篮

训练安排：全队分成X、O两组，分别站在两侧端线外。训练时，队员A和a分别从中路快速运球，当A和a在限制区附近遇到B和b的防守时立即变为双脚起跳上篮。双脚起跳上篮实质上是急停并立即双脚起跳上篮，A上篮后排到X组的队尾，b抢篮板球向对侧篮运球做双脚起跳上篮到限制区防守。a上篮后排到O组队尾，B抢篮板球向对侧篮运球做双掷起跳上篮，C防守……

目标：掌握双脚起跳上篮的方法并提高篮下一打一的能力。

条件：

1. 在快速运球中完成双脚起跳上篮技术。

2. 双脚起跳前，即运球急停时，应侧对防守人，其目的有二，一是保护球，二是缩小身体的横断面，从空隙中上篮。

六、单脚起跳单、双手扣篮

训练安排：队员每人持一球站在左侧后卫或前锋位置上，用右手运球做单脚起跳，单手或双手扣篮。之后自己抢篮板球排队尾。

目标：掌握单、双手扣篮技术，提高弹跳力。

条件：运球距离不要太远，一般为5～8米。

七、双脚起跳扣篮

训练安排：限制区两侧3米处和罚球线的地上各放一个篮球，训练时队员分别从罚球线、左侧、右侧地上拿起球转身做双脚起跳扣篮，扣篮后再把球放回原处，连扣9～15次为一组，每人完成若干组，2～3人轮换训练。

目标：

1. 掌握双脚起跳扣篮的技术。

2. 提高高大队员身体和脚步的灵活性。

3. 提高弹跳力。

条件：

1.从一个放球点到另一个放球点移动要快速，可用跑步也可用交叉步。

2.扣篮后必须把球放稳原处。

八、补篮训练

训练安排：全队分两组，各用一个球篮，队员每人一球。A在罚球线将球传给教练。教练将球抛向篮圈高度，A跑向篮下跳起用双手或单手将球补入篮内，有能力的可以扣篮。补篮后持球排到队尾，下一个队员训练。

目标：掌握补篮技术。

条件：

1.掌握好起跳的时机和起跳的距离。

2.补篮时，手臂要尽量伸直。

九、跟进补篮

训练安排：两人一组，用一个球。A和B做行进间传、接球，接近中线时，B运球上篮，上篮时故意不投中，而A跟进空中补篮投中，之后按上述方法做回。上一组到中线时，下一组开始训练。

目标：掌握行进间跟进补篮的技术。

条件：

1. 为协助补篮队员完成技术，运球上篮队员应注意掌握好自己运球上篮的速度，开始先在慢速或中速中运球上篮，待掌握技术后，加快速度。

2. 补篮队员应注意掌握好起跳补篮的时机。应掌握单脚、双脚和连续起跳补篮的技术。

十、跑投训练

训练安排：全队分六组，每个篮三组，每人持一球。训练时，每队的排头做运球跑投，之后自己抢篮板球按顺时针轮换位置。

目标：

1. 掌握各个位置上的跑投技术。

2. 提高跑投的命中率。

条件：

1. 投篮距离在5米左右。

2. 根据队员不同的训练水平，可提出不同的命中率，要求一般队员为10%～50%，优秀队员为60%～70%。

十一、全场上篮训练

训练安排：全队队员分成四组，其中A和D各持一球，听到开始信号后，A和D做运球上篮，对侧的b和e分别抢篮板球，b抢篮板攻后传给B面上篮应抢篮板球后传给E，E上篮，依此连续训练。

位置轮换：A上篮后跑到第四组的队尾，准备抢篮板球。A上篮后跑到第三组d的后边准备抢篮板球。b传球后跑到第二组队尾，准备接球上篮，e传球后到第1组C的后边准备接球上篮。

目标：

1. 熟练掌握上篮技术动作。

2. 培养全队的集体主义精神。

3. 提高耐力。

条件：

1. 队员必须站在靠近中场的边线位置。

2. 力争每次上篮都投中。为使队员集中注意力，也可以规定每个篮连中若干次，否则重新记数。

3. 如果为了提高耐力，人数应限制在8～12人，提高速耐时最好是8人。

4. 天冷时，此训练可作为准备活动，如做准备活动，人数应多些，速度慢些。

第三节　移动投篮训练

一、中距离投篮

训练安排：每人一球，自投自抢，在中距离投篮，根据自己的习惯和特点采用双手胸前或单手肩上或跳起单手肩上投篮均可。每个篮安排3~4人同时投。

目标：固定手法，同时提高命中率。

条件：

1. 每次投篮都要按正确的方法和要领去做。

2. 在巩固正确投篮定型中，提高命中率。

3. 以上投篮方式待投篮动作基本定型后可在远距离训练。

二、两人投、抢交换的训练

训练安排：两人一组一个球，自投自抢篮板球，抢篮板球后传给同伴，再移动到自己的投篮点准备接球投篮。

目标：

1. 提高投篮命中率。

2. 提高投篮后抢篮板球的意识。

条件：

1. 每次课要求投50~100次不等。

2. 根据不同的训练水平，提高不同的命中率要求，训练水平低的要求40%~50%，高水平的成年队要求60%~70%。

三、两人一组自投自抢5分钟投篮

训练安排：两人一组一个球，自投自抢，抢篮板球后传给同伴，然后自己选择投篮点。中、远距离投篮。投5分钟为一组，安排若干组。

目标：

1. 提高投篮命中率

2. 提高投冲抢篮板球的意识。

条件：

1. 5分钟每个人投篮次数在70次以上。

2. 根据不同训练水平，提出不同的命中率要求：低水平的要求40%左右，训练水平高的为50%～70%。根据不同的投篮距离也提出不同的命中率要求，高水平的队员在60%左右。

四、移动接球急停投篮

训练安排：三人一组，用两个球，一人投篮，一人抢篮板球，一人传球。投10～20次为一组，然后三人轮换。投篮队员根据自己所打的位置选择移动接球的投篮点。每人完成若干组。

目标：提高移动接球投篮的命中率。

条件：移动接球时，应面对篮，接球后立即投篮。

五、一（两）分钟移动投篮

训练安排：两人一组，一人投篮，一人捡球，一分钟后两人轮换，教练计时，投篮者记投中次，捡球者记投次。

目标：提高投篮命中率。

条件：

1. 可在自己习惯的位置上投篮。

2. 接球前要快速移动，接球后立即投篮。

六、两点移动投篮

训练安排：两人一组，用一个球，一人投篮，一人传球。中、远距离投篮。连投10～20次为一组或者投中10～20次为一组，然后两人交换，每人完成若干组。

目标：提高队员移动接球投篮的命中率。

条件：

1. 移动接球急停要快，急停时面对篮，脚步要清楚，不要走步。

2. 接球后投篮要快，不要有多余的动作。

七、两底角或两45°角移动投篮

训练安排：两人一组，用一个球。开始时队员B在罚球线附近持球，投篮队员A在底角处移动接B的球投篮，A投篮后自己冲抢篮板球，然后传给B。投10次或投中10次后两人交换，每人完成若干组。投篮距离：内线队员为中距离，外线队员为中、远距离。

目标：结合实战，提高队员穿插移动后投篮的命中率。

条件：

1. 在快速移动中接球投篮，接球时脚步要清楚，掌握好身体平衡。

2. 投篮出手要快。

八、底线连续移动投篮

训练安排：四个人为一组，用两个球，一人投篮，一人在篮下捡球，两人传球。开始时A在底线接B的传球后立即投篮，然后快速移动到另一侧底线接C的球投篮。投10次或投中10次为一组，然后轮换。D抢篮板球后分别传给B和C。

位置轮换：A投篮后到篮下抢篮板球，D替B，B投篮，下一次是A替C，C投篮，依次轮换。

目标：掌握两个底线移动接球投篮的技术并提高投篮命中率。

条件：

1. 底线移动要快速。

2. 移动接球时，两脚尖应对准篮。

3. 投篮出手要快，不要有多余的动作。

九、两45°角移动投篮

训练安排：两人一组，用一个球。A投篮，B在篮下抢篮板球后传给A，A投篮后移动到另一侧45°接B的球投篮。投10次或投中10次后两人交换。中、远距离投篮。

目标：提高两个45°角移动投篮的命中率。

条件：

1. 在中速或快速移动中完成接球投篮技术。

2. 移动接球时两脚尖对准篮。

第四节　配合投篮训练

一、策应跳投训练一

训练安排：B为外策应队员，A为外线投篮队员，为增加训练的密度，投篮队员最好安排2~3人，每人一球，站在A的后边。A用隐蔽的传球方式将球传给策应队员B，摆脱后移动到B前面接球跳投。全队分两组或四组，分别在两个篮训练。

目标：掌握策应投篮技术并提高策应跳投的命中率。

条件：

1. 外线队员传球后，应摆脱后再去接球，移动接球的一刹那要紧贴策应队员。

2. 策应队员传球时，应注意及时地做转身挡人的动作。

二、策应投篮训练二

训练安排：B为外策应队员，A为外线投篮队员。A将球传给B后，向左侧做摆脱，然后突然变向跑开，移动到前锋位置或底线一带接B的球投篮。之后抢篮板球排队尾，全队分两组或四组，在两个篮训练。

目标：掌握策应投篮技术并提高其命中率。

条件：

1. 摆脱跑开时，要向策应队员伸手示意传球的方向，两人配合要默契。

2. 策应队员传球不到位时，外线队员应注意尽力接好球。

三、策应跳投训练三

训练安排：两人一组，用一个球，落在后卫位置上的队员每人持一球。开始时，A传球给摆脱上提策应的队员B，之后摆脱移动到B前面接球跳投。然后两人抢篮板球后交换位置排队尾。

目标：掌握后卫与前锋队员策应配合跳投的技术，并提高命中率。

条件：

1. 根据本队的战术打法，选择好策应位置。

2. 后卫队员应用外侧手用隐般传球的方式传球，传到有防守队员的另一侧。

四、策应跳投训练四

训练安排：内线队员在外中锋位置上做策应。A、B、C、D为外线队员。A和B为一组，C和D为一组，每组一个球。开始时A先传球给教练，然后摆脱防守接教练的球跳投。A投篮后抢篮板球传给同伴B，B运球到原来A的位置上。当教练将球传给A后，C立即将球传给教练，之后摆脱防守接教练的球跳投，当C跳投时，运球到A位置上的B立即将球传给教练，然后接教练的球跳投……依此连续训练。投若干次后两边队员交换位置。

目标：提高外线队员策应跳投的准确性，以及投篮后立即冲抢篮板球的意识。

条件：

1. 外线队员传球后要做摆脱，才能接球。

2. 接球时注意调整身体的平衡和重心的稳定，以保证投篮的准确性。

五、外线队员穿插移动后接策应传球投篮

训练安排：A是前锋队员，B是后卫或前锋队员。前锋队员每人一球。训

练时，A把球传给教练后，溜底线到另一侧内中锋或前锋位置上做策应，这时B接教练的球后传给A，然后摆脱接A的球跳投。投篮后，两人去抢篮板球各自回到原来的位置。

目标：掌握穿插移动策应配合的方法，并提高投篮的准确性。

条件：

1. 前锋队员溜底线做策应时，应在中速或快速中移动。

2. 外线队员投篮时，策应队员应撤步转身，注意打二次进攻。

六、策应交叉移动投篮

训练安排：A和B在中锋位置上做策应，其他队员分两组，每人持一球在C和D位置上各站一排。训练时，C和D应呼应一下，C将球传给A的同时，D将球传给B，然后C摆脱变向跑到B侧面接B的球跳投，D同时也做摆脱并从C身后跑过接A的球跳投。投篮后两人抢篮板球交换位置，排在队尾……依此连续训练。

目标：

1. 掌握策应交叉移动投篮的方法，提高交叉移动配合的意识。

2. 提高策应配合投篮的准确性。

条件：

1. 用隐蔽方式传球给策应队员。

2. 摆脱交叉移动时，应有先有后，在传球时两人就先打招呼。

3. 接球时，应紧贴策应队员身体，然后做接球急停的动作，以便接球投篮时能摆脱防守队员。

七、绕切摆脱策应跳投

训练安排：A和B在外中锋位置上做策应，其他队员各持一球站在C或A的位置上。训练时，C把球传给A，同时D把球传给B，C传球后从45°方向切绕到右侧B的前面接B的策应传球急停跳投，A以同样的方法绕到左侧A的前面接A的球跳投。投篮后，两人抢篮板球，交换位置排在队尾。

目标：

1.掌握绕切摆脱策应投篮的方法。

2.提高绕切后配合投篮的准确性。

条件：同上一训练。

八、突分投篮训练一

训练安排：A是外线队员，B是内中锋队员，A在右侧前锋位置或右后卫位置上持球，从底线向篮下突破，在突破中用左手体侧分球给向空当移动的内中锋队员B，B接球后跳投。之后两人同时冲抢篮板球，下一级开始训练，右前锋上的队员A，从上线突破时，防守左侧内中锋的b补防，这时内中锋B立即向出现空隙的罚球线一带移动接A的分球跳投。

目标：

1.掌握突分跳投配合技术。

2.掌握突分技巧和突分时内线队员移动接球的时机。

3.提高突分投篮的命中率。

条件：

1.突破前，内、外线队员要"对上眼神"，配合要默契。

2.突破队员分球时要隐蔽、及时、传球到位。

3.内线队员移动接球时，要及时向空当移动。

九、突分投篮训练二

训练安排：三人一组，用一球进行。队员A、B、C在外线任何一点上，A持球突破分给B投篮，B投篮后冲抢篮板球传给C，C持球突破分给A投篮，A抢篮板球传给B，B持球突破分给C投篮……依此连续进行。每个篮可安排两组，但最好安排一组，使队员可以充分选择自己合适的位置。

目标：

1.掌握突破分球投篮的配合方法和技术，并提高投篮的准确性。

2.提高投篮后冲抢篮板球和抢篮板球后快速落位意识。

条件：

1. 突破前可做瞄篮或传球的假动作。

2. 突破速度要快，并做上篮或看篮的假动作后再分球，分球动作要隐蔽、突然。

3. 投篮者要移动接球。

十、突分投篮训练三

训练安排：两人一组，后卫球员突破后分球给前锋球员的训练，前锋队员从底线突破后分球给前锋队员跳投的训练，前锋队员从上线突破后分球给前锋队员跳投的训练。

目标：

1. 提高突破分球配合的技巧。

2. 提高突破分球投篮的命中率。

条件：同上一训练。

十一、突分投篮训练四

训练安排：两人一组，用一个球。全队分两大组，分别站在A和B的后边。A队的队员每人持一球。开始时，A把球传给落在前锋位置上的B，B接球后快速从底线突破分球给从中路空切的A，A急停跳投或上篮。抢篮板球后两人交换位置排在队尾。

目标：掌握底线突破分球配合的方法和技巧并提高其命中率。

条件：

1. 底线突破速度要快，突破时先看篮再分球。

2. 分球要隐蔽、及时、到位。

3. A空切要及时、突然。

十二、正掩护投篮

训练安排：两人一组，用一个球，a固定防守B，A传球给B后跑上去给B

做正掩护，B借A的掩护直接投篮或做运球摆脱急停跳投，两人抢篮板球后交换位置。

目标：

1. 掌握正掩护投篮配合的方法并提高其准确性。

2. 掌握掩护后投篮的时机。

条件：

1. B应注意观察a的防守情况，一旦出现机会，立即投篮。

2. 投篮后，A和B都应冲抢篮板球。

十三、后掩护投篮

训练安排：队员分两组，每人持一球，a和b在后卫位置上做传球。训练时，A将球传给a，当A刚一传出球时，D马上将球传给b，传球后A和D同时做摆脱移动，D上提给A做后掩护，A向下移动接b的球投篮，A掩护后接a的球转身跳投。投篮后各自冲抢篮板球回队尾。

目标：

1. 掌握后掩护投篮的方法。

2. 增加每个位置上投篮的次数。

3. 提高掩护配合投篮的命中率。

条件：

1. 掩护时按掩护动作的要求和要领去做，不要犯规。

2. 后卫位置上的队员要主动利用掩护及时向有利的攻击位置上移动接球。

3. 把移动接球和投篮协调起来。

十四、运球掩护投篮

训练安排：两人一组，用一个球。A落在后卫位置上，B落在右后卫或右前锋位置上。A运球给B做掩护，掩护后把球传给B，B跳投。投篮后两人同时去抢篮板球，然后交换位置。

目标：掌握运球掩护投篮配合的方法并提高投篮的准确性。

条件：

1. 运球队员运球掩护传球时，用单、双手的低手传球，传球时应控制好力量和速度，使同伴能很舒服地接到球。

2. 接球投篮者接球时脚步要清楚，不要走步，并注意脚尖对准篮。

十五、运球利用后掩护摆脱跳投

训练安排：两人一组，用一个球。A为后卫队员，B为前锋队员。A运球，B上提给A做后掩护，A利用后掩护摆脱后立即跳投。然后两人同时冲抢篮板球，交换位置排队尾。每个篮左、右两侧可同时训练。

目标：掌握运球中利用后掩护摆脱跳投配合的方法，两人间进行默契配合，并提高此方法投篮的准确性。

条件：掩护队员掩护后及时、合理地转身，以便把防守队员挡在身后，同时也可以创造二次进攻接同伴的传球投篮，而运球队员应注意二次进攻，把握好自己投篮和二次进攻的时机。

十六、定位掩护接球投篮

训练安排：A是后卫队员，B是前锋队员，C是内中锋队员。训练时，B将球传给A后，移动到C底线侧利用C的定位掩护向上线摆脱接A的球跳投，之后抢篮板球排队尾。为增加投篮的机会可把上述方法改为：开始时，B和C各持一球，B把球传给D的同时，C把球传给A，B利用C的掩护接A的球投篮，而C给B掩护后向外拉出接D的球投篮，比赛中这种机会经常出现。前锋队员每人持一球站在B位置上，中锋队员每人持一球站在C位置上，A和D可以是教练或后卫队员。

目标：

1. 提高摆脱接球投篮的能力。

2. 提高配合投篮的命中率。

条件：

1. B利用内中锋定位掩护时，要移动到位，即把防守人带进掩护区。

2. 前锋队员接球时应面对篮，而内中锋拉出时也应及时调整身体平衡，面对篮下接球投篮。

十七、异侧空切接球投篮

训练安排：外线队员分两组，分别站在A和B双翼外侧位置上。B持球，A突然向腹地限制区空切接B的球跳投。之后两人同去冲抢篮板球，然后交换位置排队尾。

目标：

1. 掌握同伴空切时，及时准确传球的方式和方法。

2. 提高空切投篮的命中率。

条件：

1. 空切要突然，接球应调整身体平衡并面对篮。

2. 传球要及时、到位。

第五节   高难度投篮训练

一、一对一投篮

训练安排：两人一组，用一个球，一人投篮，一人防守。训练时，防守队员a由篮下把球传给进攻队员A时，立即迎上去积极防守A，并单臂上举，封盖A投篮，而A在a迎上来防守时，抓住机会果断投篮。A投篮后a转身挡人，然后抢篮板球，抢球后再传给A并迎上去防守A投篮……投10次后，攻守交换。每个篮可安排2～3组同时训练。

目标：在有防守的情况下，提高投篮的命中率。

条件：

1. 在中、远距离投篮。

2. 待防守队员防守到位后，进攻队员方可投篮。

二、一对一自投自抢训练

训练安排：两人一组，用一个球，自投自抢篮板球后，传给同组的另一个人，并立即上去封盖其投篮。防守后移动到自己所打的位置上准备接球投篮。中、远距离。5分钟为一组，计投篮命中率。每次训练可安排若干组，或者每人投100次计命中率。

目标：在有防守的情况下，提高投篮命中率。

条件：

1. 当防守队员防守到位时再投篮。

2. 投篮后立即冲抢篮板球。

三、一对一运球急停跳投

训练安排：两人一组，用一个球，A持球在三分投篮区以外3～4米处开始运球防守。A在快速运球突破的过程中，突然急停跳投。投篮后，两人积极地争抢篮板球，然后攻守交换。每个篮安排2～3组同时训练。

目标：在一对一的情况下，提高运球急停跳投的命中率。

条件：

1. 防守队员要紧逼进攻队员运球。

2. 进攻队员在快速运球中，要注意观察防守队员的防守步法，并注意运用假动作，抓住时机，立即投篮。

3. 急停要突然起跳，速度要快，并注意保持身体平衡，控制好重心。

四、一对一投篮与突破上篮

训练安排：两人一组，一个球。A摆脱接教练的球后，根据a的防守情况做跳投或突破上篮。自抢篮板球后传给教练，然后攻守交换。当A接教练的球后，另一组的B把球传给教练以同样的方法训练。

目标：

1. 提高投篮与突破相结合的能力。

2.在有防守的情况下，提有队员个人的攻击能力。

条件：

1.进攻队员无论是在有球还是无球的情况下，防守队员都要积极地防守。

2.进攻队员接球后，其身体和步法应是既能投篮又能突破。并注意投、突假动作的运用和投突机会的选择。

五、有防守的运球急停跳投

训练安排：两人一组，用一个球，防守队员在5米左右的距离上防守。进攻队员从中线开始运球，运到防守队员面前时，做急停跳投，而防守队员把手举起来封阻投篮。投篮后，进攻队员冲抢篮板球，然后攻守交换。每个篮安排2~3组同时训练。

目标：在有防守的情况下，掌握运球急停跳投技术并提高其投篮的准确性。

条件：

1.防守队员只做抬手封盖投篮动作。

2.进攻队员运球时，在接近防守队员时方可做急停跳投，运球要有速度。

六、运球急停跳投

训练安排：全队分两组，分别站在中线与弧顶之间，每人持一球，两位教练站在罚球线处。训练时，两组的排头队员先运球到教练身前做急停跳投，之后抢篮板球排队尾，后面队员依此连续进行。开始训练时，教练举起手，让队员向上跳起投篮，随着队员技术水平的提高，教练可用手轻轻地推运动员的腰部，让运动员在轻微的干扰下控制身体平衡，然后教练逐渐加大用力，干扰运动员投篮。

目标：在有干扰的情况下，提高队员控制身体平衡的能力，提高投篮的准确性，同时也提高队员的心理素质。

条件：

1.在快速运球中做急停跳投。

2.在有干扰的情况下，投篮队员注意调整自己的情绪，调整自己的心理，以保证投篮技术的完成。

七、一对二的运球急停投篮

训练安排：b为站在距篮较近的防守队员，其他队员两人一组，一人进攻一人防守。训练时，A将球传给教练，然后摆脱后接教练的球向底线快速运球突破a的防守，这时b上来补防，A则在b面前急停跳投，跳投时，b要跳起封盖。投篮后，A冲抢篮板球，然后与a攻守交换。

目标：在有补防的情况下，提高投篮的准确性。

条件：

1. 防运球时，可适当地为A创造急停投篮的机会，但也要注意给A一定的压力。

2. 在b补防时，A要注意寻找机会，掌握好时间差进行投篮。

八、篮下对抗投篮

训练安排：三人一组用一个球，教练把球掷向篮板，队员同时抢篮板球，抢到球落地后立即投篮，其他两个队员积极封盖，如果球投中，则把球传给教练重新开始，如果未投中，三人再抢篮板球，谁抢到谁投篮，而另两人防守，直至投中重新开始。投中篮得一分，看谁先得20分。

目标：在篮下激烈对抗的情况下，提高抢篮板球的能力和投篮的准确性。

条件：

1. 抢到篮板球必须落地后再投篮。

2. 防守队员在不犯规的前提下，尽量以较大的身体接触和力量防投篮，而且教练还可以根据本队的情况，规定一些特殊的防守要求，如推、顶等动作不做犯规处理，以增强激烈对抗的程度。

3. 投篮队员应注意用上"内劲"，与对方争夺位置与对方对抗，并在情绪上、心理上不受对方强悍防守的干扰。

九、半场二对二突破或投篮

训练安排：半场二对二，开始时，教练持球，可将球传给A或B，进攻队员接球后可投篮或突破上篮，也可以突分给另一个队员投篮，但同伴接突分球后必须投篮，不得再做传球、运球、探步等动作，否则算违例。投篮不中抢篮板球后可再投，直至投中或对方抢到篮板球，进攻成功继续进攻，防守队员抢到篮板球或对方违例，攻守交换。投中一球得一分，看哪组先得20分。

目标：提高半场二打二时投篮与突分投篮的能力。

条件：

1.防守队员在积极防守自己所防队员的前提下，注意协防和补防。

2.进攻队员接球后，应注意投、突动作结合起来。突分时应用隐蔽方式传球。

十、三人传球二人防守的投篮训练

训练安排：进攻组三个队员在外线快速传球，防守队员积极移动，一旦出现空当，进攻队员抓住机会立即投篮，进攻组投中3～5球后，其中的两个队员与防守队员交换。依此连续训练。为加大训练密度，投篮队员球一投出，教练马上把球传给进攻队员，场下队员抢篮板球传给教练，用两个球练。

目标：当对方防守联防时，在快速停球中抓住投篮时机，并提高其投篮的准确性。

条件：

1.进攻队员只能传球，不准运球。

2.进攻队员三个人的落位和距离与一般破联防时大致相同，不得拉得太大。

3.防守队员有时滑步来不及时，可用跑步，并积极封盖投篮。

十一、半场三对三投篮训练一

训练安排：半场三对三，当教练把球传给任何一个进攻队员后，接球队员立即投篮，投中得2分，远投得3分，然后把球传给教练，攻防落位重新开始，由投中队再进攻。如果不中，攻防队员都去抢篮板球，如果进攻队抢到球立即投篮投中得1分，如果防守组抢到篮板球应立即传给教练，攻守交换。看哪组先得20分。

目标：在接近比赛的情况下，提高投篮的命中率。

条件：

1. 进攻队员可以利用掩护或穿插移动寻找投篮机会。

2. 接球后不许运球，必须直接投篮。

3. 防守队员要防守到位，积极封盖。

十二、半场三对三投篮训练二

训练安排：教练将球停给任意一个进攻队员，进攻队员接球后立即突破上篮，不能上篮时，就分给其他队员投篮，投中继续进攻。不中时，进攻组抢到篮板就再投篮，而防守组抢到篮板球后传教练，攻守交换。投中一球得2分，远投得3分，看哪组先得20分。

目标：提高突破分球投篮的配合意识和投篮命中率。

条件：

1. 教练未传球前，进攻组可利用掩护或穿插移动寻找接球投篮机会，接球后只能做突破上篮或突分投篮。

2. 防守队员要积极防守。

十三、半场三对三投篮训练三

训练安排：在半场内立人进攻，3人防守，在10秒钟内做简单配合后投篮。超过8秒或违例，以及对方抢到篮板球均做攻守交换。投中得2分，远投得3分，抢篮板球后再投中得1分，看哪组先得20分。

目标：在接近比赛的情况下，提高投篮的命中率。

条件：

1. 投篮队员接球就投，出手要快，力争在防守队员还未上来封阻时，将球投出。

2. 防守队员要紧逼防守，并积极封盖投篮。

十四、三对三全场传球推进投篮

训练安排：分成X和O两组。训练时O组中线进攻，不许运球，将要接近三分投篮区时，X组的三个队员立刻上去一盯一防守。O组在前场最多只准传三次球就得投篮，否则算违例。投不中篮时，如果O组队员抢到篮板球，必须拉出三分投篮区后，再传球找投篮机会，如果防守队X组的队员抢到篮板球或对方投中，X组则由防守转为进攻，向另一个篮进攻，O组防守，X组进攻过中线后按上述O组的方法进攻，其他违例球、界外球按比赛规则判罚。投中一球得2分，远投得3分，抢到一个篮板球得1分，看哪组先得50分。

目标：在有防守、有一定传球次数的要求下，提高投篮的命中率。

条件：

1. 由守转攻时，推进的速度要快，可规定在一定的时间内推进到前场，以保证训练在一定的速度和强度下进行。

2. 进攻队员不许运球。

3. 开始时要求防守队员消极防守，一旦队员掌握了训练方法，特别是水平高的成年队，一定要求防守要积极，对持球队员用平步紧逼防守，并做到"球到防守人到"，否则扣分。

十五、连中投篮的训练

训练安排：每人一球，在规定的中、远距离位置上投篮，并按要求方法进行。

连投中二、三、五个球算一组，完成若干组。

目标：在一定难度的条件下，提高中、远投的命中率。

条件：

1. 投篮时，注意力要高度集中，体会连中球时的感觉。

2. 训练课内没完成的任务，在课后补上。

十六、连中加罚球的投篮训练

训练安排：每人一球，在规定的距离或位置上连中两个球，然后罚中两次球算一组，完成若干组。

目标：提高投篮与罚球的命中率。

条件：

1. 投篮或罚球时，做到注意力高度集中。

2. 在训练课上没完成的任务，课后补上。

十七、得分与扣分的投篮训练

一人一球，在规定的距离或位置上投篮，连中两个球得2分，一次不中扣1分，完成20分为一组。

一人一球，在规定的距离或位置上投篮。投中一球得1分，投不中一球扣2分，得10分为一组。

目标：提高投篮得分的难度，以便在有难度要求下提高投篮的命中率。

条件：

1. 投篮时注意力要集中，注意克服心理障碍。

2. 完不成任务者，课后补上。

第六节　大强度投篮训练

一、三人用两个球投篮

训练安排：三人一组，用两个球投篮。开始时，A和B手中各持一个球，A投篮后自抢篮板球，传给C，然后A拉出自选投篮位置准备接球，在A投篮刚一出手时，B投篮，投篮后自抢篮板球传给A，然后拉出自选投篮位置，依此A、B、C连续训练。规定每三分钟为一组，记投次和投中次或规定三人共投中若干次，完成若干组。

目标：在大强度下提高投篮的命中率。

条件：

1. 接球就投，投后立即冲抢篮板球，传球后快速选位，以保证在高密度、大强度下进行投篮。

2. 抢篮板球，球不准落地，传球到位。

3. 投篮出手要快。

二、自投自抢训练一

训练安排：两人一组，用一个球，自投自抢，然后传给同伴，拉出在中、远距离选择投篮点。同伴接球后自投自抢。

目标：在大强度下完成投篮技术并提高中、远距离投篮命中率。

条件：

1. 接球就投，出手要快。

2. 投篮后立即冲抢篮板球，球不准落地，传球后快速选择投篮位置。

3. 传给同伴的球要准确、到位。

三、自投自抢训练二

训练安排：一人一个球，在中、远距离投篮，自己投篮后冲抢篮板球，然后快速运球到自己选择的位置上再投，两分钟内要求投中12～15次，每次课要求完成若干组。每个篮安排3人同时训练。

目标：在大强度下提高投篮命中率。

条件：

1. 投篮后，球不许落地，必须抢到篮板球，并快速移动到下一个投篮位置上。

2. 未完成任务者，课后补上。

四、两底线移动投篮

训练安排：要求投中10次或15次为一组，完成若干组。

目标：在大强度下，提高投篮命中率。

条件：队员投篮后，冲抢篮板球、传球、移动到另一侧投篮，都应在快速中完成。

五、折返跑投篮

训练安排：两人一组，用一个球。A从罚球线到中线做一个折返跑后接B的球投篮，一个折返跑投一次篮。连续投10次篮或投中10次篮为一组，两人交换，每人完成若干组。

目标：在大强度下，提高投篮的命中率。

条件：

1. 折返跑时起动要快。

2. 接球急停时不要走步，接球就投篮，投篮后立即折返跑。

六、快下接长传球投篮

训练安排：两人一组，用一个球，开始时A传球给B，之后沿边线快下，接B的长传球急停跳投，A投篮后立即冲抢篮板球，传给跟进到罚球线附近的B，然后从另一侧边线快下，再接B的长传球，急停跳投，依此连续投中10次后，两人交换。全队分若干组，一边三组分别从两个篮同时训练，上一组快下队员过中线后，下一组立即开始，场上始终保持四组以上在训练。

目标：

1. 掌握接长传球后的投篮技巧。

2. 在高难度、高强度、高密度下，提高投篮的命中率。

条件：

1. 投篮队员传球后要快速起动快下，最后接球那几步要快。

2. 如果传球不到位，投篮队员要主动"找球"，接球时应调整好身体姿势，控制好平衡，以保证投篮的准确性。

3. B传球要到位，传球后快速起动跟进，以保证训练在高速度、高强度下进行。

七、全场折返跑投篮

训练安排：两人一组，用一个球。A全场折返跑一趟后，立即到自己选择的位置上接B的球投篮。投篮后先向自己面对的端线起动跑，然后再向对面折返跑到投篮位置接B球投篮。投10次篮或投中10次篮后，两人交换。每个篮安排两组，两个篮同时训练。

目标：在大强度下，提高投篮的命中率。

条件：根据队员不同的训练水平，完成投10次投中或不同的要求。

八、全场两个三分线外的移动投篮

训练安排：三人一组，用两个球。B和C两人分别在两个篮下抢篮板球并传球，一人投篮。训练时，A在三分线外接B的球投篮，然后立即快跑到另一侧三分线外接C的传球投篮……依此连续进行。A投篮后，B和C分别抢篮板球，待A返回时传其投篮，三分钟为一组，记投次和投中次，三人轮换投，每人完成两组。每个篮安排两组，即四人同时投篮。

目标：在大强度下，提高投篮的命中率。

条件：

1.A投篮后，立即起动跑到另一侧。

2.在快跑中接球急停时注意走步。

3.传球队员应传球到位。

九、自投自抢的全场运球投篮

训练安排：每人一球，自投自抢。开始时，A在三分线外投篮后，冲抢篮板球，然后快速运球到另一侧三分线外投篮，投篮后再冲抢篮板球运球……投三分钟为一组，计投中次数。要求三分钟投中10次为一组完成若干组。6人同时分别在两个篮训练，全队可分两大组轮换。

目标：在大强度下，提高运球急停投篮的命中率。

条件：

1.在快速运球中完成急停跳投技术。

2.投篮后快速冲抢篮板球，力争不让球落地。

十、全场冲刺跑后投篮的训练

训练安排：两人一组，用一个球，一人投篮一人传球，投篮人在全场做一个往返冲刺跑后接传球投一次篮，然后全场冲刺跑。连中两次为一组，两人交换，每人完成若干组。

目标：在大强度和高难度下，提高投篮的准确性。

条件：

1. 每次投篮后应全速冲刺跑。

2. 投篮时应稳定情绪，集中精力。

十一、全场推进后投篮之一

训练安排：一个方法是两人直线传球推进，到弧顶附近中投。另一方法是两人传球后做一交叉空切运球推进，到弧顶中投。全场两个篮以中轴为界分开，两组同时训练。在规定时间内，要求每组投中若干次。

目标：在全场快速推进中，提高投篮的命中率。

条件：

1. 推进速度要快。

2. 在快跑中接球急停时，应注意控制好重心，以保证投篮的准确性。

十二、全场推进后投篮之二

训练安排：两人一组，用一个球。A抢到篮板球后传给B，然后沿线快下，B接一传后从中路运球快速推进，然后分球给A，A做中投或远投，A投篮后冲抢篮板球，传给拉边接一传的B，然后沿边线快下，B接一传后再从中路快速运球推进，分给A球投篮，一个往返后，两人交换位置。在规定时间内要求每人投中次或两人投中次。

全队分若干组，从两侧篮下同时开始训练，前一组运球队员过中线时，下一组开始训练。

目标：

1. 使队员在快攻推进中掌握中远投篮技术。

2. 在大强度下提高投篮的准确性。

条件：

1. 快下和运球推进都应在最快的速度中进行。

2. 在快速奔跑中接球时应注意调整好身体平衡。

第七节　高压力投篮训练

一、远投连中的训练

训练安排：一人投篮，一人捡球，教练与其他队员站在场地旁边助威。投篮队员可在自己习惯的位置上投篮，或者按教练指定的远投位置上接同伴的传球投篮。

目标：在有压力的情况下，提高投篮的自信心和准确性。

条件：连中两次，否则个人和全队受罚——从中线到罚球线折返跑若干次。

二、全队投篮连中的训练

训练安排：全队每人持一球依次站在教练指定的位置上投篮。

目标：促使大家思想集中，在有压力的情况下提高投篮的准确性，培养队员的集体主义精神。

条件：

1. 在规定时间内，要求全队连中若干次。

2. 在规定时间内，全队的人数就是连中的次数。

三、自愿投篮与点将投篮的训练

训练安排：第一步首先全队队员每人一个球，在教练指定的中距离或远距离投10次篮，记投中次数，中几次得几分。这个得分作为自己的基础分，与下边的分数一起计算。第二步教练再指定一个投篮点，要求队员自愿投篮，每人一次机会。自愿要求投篮者投中得10分，不中扣5分。教练认为有必要时，可点将投篮。教练可点任何人，点到谁，谁就在指定位置上投篮，投中得5分，不中扣5分。最后和基础分一起算，看自己的得分。得负分者做全场折返跑若干次或按教练的要求做各种训练。

目标：

1. 培养队员的好胜心和自信心。

2. 提高队员在有压力的情况下投篮的准确性。

条件：

1. 投篮队员接球后应在5秒钟内将球投出。

2. 投篮时，其他队员可以起哄，可故意制造紧张气氛，以增加投篮者的心理压力。

四、点将比赛投篮

训练安排：全队队员分甲、乙两组，甲、乙组各出一人罚球。谁罚中谁有权点将，如果是甲组入队员罚中，那么他有权点乙组任何一个队员与自己在自己选定的中、远距离上投篮，投中者为优胜，未中者全组受罚。如果都投中或都未投中，则由各组另选人再从罚球开始。每次训练可安排一组的队员都轮一次或者每组选派3~5人对战。

目标：

1. 培养队员的好胜心和自信心。

2. 提高队员在有压力的情况下投篮的准确性。

条件：队员投篮时，另一组只要不上来防守，可以起哄干扰，以制造紧张的气氛。

五、叫号投篮的训练

训练安排：全队队员站在场内不影响投篮的位置上，教练叫到谁的号码时，谁就出列投篮，并按教练指定的距离、位置和要求投篮。例如，叫到8号时，教练告诉8号在正面三分线外投篮，并且出现在场上比分是我方负两分，比赛时间还剩下最后5秒钟，然后给队员10秒钟的准备时间。给10秒钟时间就是为了制造紧张气氛，场外队员可以起哄，也可以一声不响，如果未投中，教练可罚全队队员或某些队员。

目标：

1. 在有心理压力的情况下，提高投篮的准确性。

2. 提高队员抗干扰和冷静果断的心理素质。

条件：

1. 教练和队员都应像正式比赛一样认真对待此训练。

2. 投篮队员应做好自我心理调整，找好自己的最佳感觉，并记下自己投中篮时的最佳心理状态和心理感觉，以及投篮过程。

第八节　罚球训练

一、两人一组罚球训练一

训练安排：两人一组，用一个球，一人罚球一人传球。投10次或投中10次后两人交换，记投中次数，每次课完成若干组。

目标：

1. 固定自己的投篮方法。

2. 体会自己罚篮时的最佳感觉。

条件：

1. 队员按自己的训练程序进行训练。

2. 罚球队员的思想应集中在自己的"程序"里，不受外界影响。

二、两人一组罚球训练二

训练安排：两人一组，用一个球，一人罚球一人传球。罚球队员连中两个为一组，完成若干组后，两人交换。

目标：

1. 体会自己罚中球时的最佳感觉。

2. 提高连中两个球的信心。

条件：同上一训练。

三、两人一组罚球训练三

训练要领、目标、条件同上一个训练，但要求连中5个球为一组，然后两人交换，每次课完成若干组。提高连中时的信心。

四、折返跑罚球

训练安排：两人一组，用一个球，一人罚球一人传球。训练时，罚球队员先在罚球线到中线的距离上做三个往返的折返跑，再罚球两次，算一组，完成5组算一大组。然后两人交换，记命中率，每次训练安排若干大组，或者要求每组命中率达到80%以上，完成若干组。一个篮可安排两组同时进行训练。

目标：在大强度下，提高罚球的命中率。

条件：

1. 折返跑时，起动要快，速度要快。

2. 罚球时，按比赛规则进行。

3. 罚球队员按自己的罚球程序进行。

五、一加一罚球

训练安排：全队队员平分成两组，每组一个球，在两个篮进行。训练时，篮下先有一队员捡球，每组的排头先罚，第一个球罚中可再罚第二次。然后下一个队员开始。如果第一个球未罚中，不再罚第二次，而马上在全场做一次折返跑，下一个队员继续训练。队员每罚中一球，全组队员集体报累计罚中次数。罚球三分钟。看哪组罚中次数多，多者为优胜组，而少者组全组做全场往返跑若干次。交换场地再比赛。每次课训练若干组。

目标：培养队员的竞争意识及集体主义精神。

条件：按自己的罚球程序罚球。两个球都罚中者，全组集体鼓掌以示祝贺。

第九节 投篮比赛

一、投20次看谁命中次数多

比赛要领：全队队员按教练规定的顺序或抽签顺序进行比赛。投篮时有一人在篮下捡球，并传给投篮人，在规定的位置上投篮，投20次记投中次数，按命中次数多少，排出名次。

目标：培养队员的好胜心和自信心。

条件：

1. 教练给开始信号后，就开始记投次和投中次。

2. 其他队员可以起哄。

二、自投自抢投篮比赛

比赛要领：全队分四组，分别在两个半场即两个篮投篮。比赛开始时，每组的排头各持一球自投自抢，抢到篮板球后，将球传给同一个半场的另一组前面的一个队员，并跑到其队尾。即A传给B球后跑到B的队尾。B接到球后自投自抢，然后把球传给C并跑到C的队尾……按顺序连续进行。另一个篮以同样的方法进行。看哪个篮先投中20个球。先投中者为优胜。每次比赛可3局2胜或5局3胜。为保证机会和条件相等，教练应在投篮处画上线，投篮队员在球出手前不得踩线，否则投中无效。

目标：培养队员由竞争意识和集体主义精神。

条件：

1. 每组队员必须按顺序投篮，不按顺序者，投中无效。

2. 投篮后必须自己冲抢篮板球，每组只准用一个球投篮。

三、抢胜三个球的投篮比赛

比赛要领：全队分两组，一组一个球，在同一个篮进行。首先甲组排头投篮，其次是乙组排头在同一位置投篮，然后是甲组第二个队员投，乙组第二个队员投……顺次到乙组最后一个队员。投中时，集体报自己组的熟记中数，净胜三个球为胜。如果一轮投完后未决定胜负，再继续投第二轮，直至抢胜对方三个球。如果甲组先投且领先乙组三个球时，允许乙组再投一次篮。投篮次数均等。

目标：培养队员的竞争意识和集体主义精神。

条件：必须在规定的位置上投篮。对方可以起哄。

四、抢20分投篮比赛

比赛要领：两组人数相等，分别站在罚球线两侧。听到教练信号后，两队排头开始投篮，投中得2分，未中时在球未落地前，抢到篮板球再投中得1分。如果投篮不中而使球落地，则不得分。前面一个队员投篮后，把球传给下面的队员投篮，依次进行。哪组先得20分，为优胜组。

目标：

1. 培养队员的竞争意识和团结战斗精神。

2. 在有胜负压力的情况下，提高投篮的命中率。

条件：

1. 投篮球出手前脚不得踩线，否则投中无效。

2. 双方每投中得分，必须集体报出累积次数，而且必须让对方听到，否则先得20分也不算优胜队。

五、抢50分的投篮比赛

比赛要领：两人一组，用一个球。半场安排2～3组，自投自抢。投中一球得2分，在球未落地前抢到篮板球得1分，再在原地投中得1分（一次投篮可以得到4分）。如果球落地后抢到篮板球，那么这一项不得分，而投中篮仍可得1分，看哪组先得50分。

目标：

1. 培养队员的竞争意识。

2. 在有胜负压力的情况下，提高队员投篮的准确性。

3. 提高队员投篮后冲抢篮板球的意识及抢篮板球后立即投篮的意识。

条件：必须在规定的位置上投篮，违例者投中无效。

六、抢先10个球的投篮比赛

比赛要领：三人一组，用一个球。每个篮可安排两组。A投篮，C抢篮板球，抢到球后传给B，B投篮，A抢篮板球传给C，C投篮，B抢篮板球传给A，依次连续投。看哪组先投中10次为优胜组。

目标：培养队员的竞争意识和团结战斗精神。

条件：

1. 必须在规定的距离或位置上投篮，否则投中无效。

2. 必须按上述方法依次投篮，使每个队员投篮次数均等，否则无效。

第七章　突破技术训练

第一节　持球突破技术

持球突破是指持球队员结合合理的步法和运球技术，快速超越防守队员的一种进攻技术。在比赛中，及时把握突破机会，合理运用突破技术是篮下直接得分的重要手段。持球突破还可以打乱对手的防守部署，为队友创造更多更好的射门机会。如果能将突破与传球、投篮巧妙结合，突破技术灵活，突破技术的攻击力就能得到更好的发挥。

根据持球突破采用的步法，可分为交叉步突破和同侧步突破两种。

一、技术分析

持球突破技术是由蹬跨、转体探肩、推按球和加速几个环节组成。

（一）蹬跨

队员在突破前，两脚左右开立，略宽于肩，屈膝降低身体重心，重心落在两脚之间，两脚踵稍提起。双手持球于胸腹之间，注意保护球。突破时，用虚晃或瞄篮等假动作吸引对手，用移动脚前掌内侧蹬地的同时，中枢脚用力碾地，上体前倾并转体，重心前移，以带动移动脚迅速向突破方向跨出。跨出的第一步要稍大，以缩小后蹬腿与地面所成的角度，增加后蹬力量，争取第一步就接近甚至超越对手。第一步落地后，膝关节要保持弯曲，脚尖指向突破方向，以便第二步的蹬地加速。

（二）转体探肩

在蹬地跨步、上体前移的同时，要转体探肩，使身体重心继续前移，加快突破速度，同时占据空间有利位置和保护球。

（三）推按球

在蹬跨、转体探肩的同时，将球由体前推引至远离防守队员一侧，并在中枢脚离地前推按球离手，球落于跨出脚前的外侧，用远离对手一侧的手运球，使球反弹高度在腰膝之间。

（四）加速

在完成上述动作后，已获得起动的初速度，这时中枢脚要积极、有力地蹬地，加速超越对手。

以上几个环节，它们之间紧密衔接、相互影响。只有熟练地掌握这几个环节，动作连贯、快速，才能达到突破的目的。

二、动作方法

（一）原地持球交叉步突破

这种突破方法的优点是跨步后与防守队员接触面较小，能更好地利用跨步抢位保护球。

动作要领：以右脚做中枢脚从防守队员左侧突破为例。突破时，左脚向左侧前方迈出一小步，把防守队员引向自己左侧的同时，用左脚前掌内侧迅速蹬地，向右侧前方跨一大步，上体稍右转，左肩向前下压，重心向右前方移动，将球推引至右侧，用右手推按球于左脚右侧前方，接着右脚蹬地加速超越对手。

动作关键：积极蹬地，起动突然；转体探肩应与跨步相连；推按球离手必须在中枢脚离地之前；跨步脚尖指向突破方向。整个动作协调连贯。

（二）原地持球同侧步突破

这种方法也称顺步突破，其优点是突破时起动突然，初速度快，但球暴露较多，容易被对手将球打掉。

动作要领：以左脚做中枢脚从防守队员左侧突破为例。突破时，上体积极前倾的同时，右脚迅速向右前方跨一大步，同时上体右转，左肩积极下压。左脚内侧用力蹬地，在左脚离地前，用右手推按球于右脚外侧前方，然后左脚迅速跨步抢位，加速运球超越对手。

动作关键：起动要突然，跨步、运球要快速连贯，中枢脚离地前球要离手。

三、行进间突破

行进间突破是在同伴传球的配合下，利用突然移动中的接球急停，抢占或主动制造有利位置，然后结合运用持球突破进行攻击的一种方法，其优点是突然性和攻击性都较原地持球突破强。

动作要领：在快速移动中，看到同伴传来的球，应迅速向来球方向伸臂迎球，同时用一脚（侧向移动时用异侧脚）蹬地，两脚稍离地腾起，向侧方或前方跃出接球，制造与防守队员的位置差，两脚先后或同时落地。落地后，屈膝降重心，保持身体平衡并注意保护好球。根据防守队员的位置和情况，迅速选择交叉步或同侧步突破。

动作关键：摆脱移动、伸臂迎球和跨跳的衔接要协调连贯；接球急停要停得稳；突破起动要快速、突然；注意保护球。

四、持球突破技术的运用

1. 应根据对手在防守距离、位置、步法、身体重心控制等方面出现的漏洞，抓住时机进行突破。

2. 运用持球突破要与投篮、传球、假动作等技术结合，善于调动对手，制造和利用突破时机。

3. 突破前要观察了解双方队员在场上的位置，正确选择突破方向。既要考虑个人攻击，也要注意配合。遇有意外阻挠，应及时变换动作。

4. 根据本队进攻战术的需要或为了扭转场上被动的局面，可有目的地利用持球突破打乱对方防御部署，创造良好的攻击机会。

5. 根据对手情况，有意识地攻击其薄弱环节，在局部地区形成一对一的局面，利用持球突破攻击防守能力较差或犯规较多的对手。

五、教学与训练的建议

1. 持球突破是在快速移动中同对手时有接触的攻击性技术，要加强突破意识的培养，培养学生具有勇猛顽强的作风和敢打敢拼的精神。

2. 分析对比交叉步与同侧步突破的异同点，使学生建立正确的动作概念。

3. 教学重点是交叉步突破和同侧步突破，先教同侧步突破，后教交叉步突破。

4. 突破动作要规范，教会学生两脚均能做中枢脚，用不同突破方法向不同方向突破。

5. 持球突破教学应符合规则要求，加强中枢脚的概念。牢记突破时球离手后，中枢脚才能离开地面。

六、训练方法示例

（一）在无人防守情况下持球突破训练

1. 每人一球，做原地持球交叉步、同侧步的动作训练。体会突破动作的技术要领及身体各部位的协调配合。

2. 两人一组一球，相距2米面对站立。轮流做同侧步、交叉步突破训练，相互检查中枢脚是否移动，跨步、转体探肩是否正确，推按球是否及时。

3. 每人一球，向前上方抛球后，迅速移动去用单手或双手接球急停，做交叉步或同侧步持球突破动作。

4. 接球急停突破训练

训练安排：两人一组一球。无球队员向有球同伴示意接球方向，然后移动接球急停做交叉步或同侧步突破，轮流进行。

条件：动作连贯，身体平稳，两脚都可以做中枢脚。

5. 突破上篮训练

条件：动作正确，协调连贯。

（二）在有防守情况下持球突破训练

1. 接球急停突破训练

条件：消极防守转变到积极防守。

2. 一对一接球急停突破训练

条件：接球急停与假动作结合，突破要果断，速度要快。

3. 转身突破训练

条件：转身突破前，应有假动作。

4. 在对抗情况下持球突破训练

训练安排：半场二对二、三对三攻守。防守队员固定盯人，进攻队员不准运用掩护，持球队员运用投、传、突结合进攻。

条件：持球队员要大胆运用突破技术，防守队员不允许交换防守。

第二节　运球突破技术

突破是指持球队员利用步法和运球技术超越对手的一种进攻性技术。在比赛中，把握突破机会，合理利用突破技术，既能直接切入篮下得分，又能打乱对手的防守部署，创造更多的进攻机会，增加对手的犯规次数。如果突破能与投射、分球相结合，进攻会更灵活，效果会更显著。

一、交叉步突破

动作要领：以右脚做中枢脚为例。两脚左右开立，两膝微屈，身体重心降低，持球与胸腹之间。突破时，左脚前脚掌内侧迅速蹬地，身体稍右转，左肩向前下压，重心向右前方移动，左脚向右侧前方跨出，将球引于右侧，接着运球，中枢脚蹬地向前跨出迅速超越防守。

动作重心：蹬跨积极，转探肩保护球。

1. 顺步突破

动作要领：准备姿势和突破前的动作要求与交叉步相同。突破时，右脚向右前方跨出一步，向右转体探肩，重心前移，右手运球，左脚前脚掌迅速蹬地，向右前方跨出，突破防守。

动作重心：蹬跨积极，转探肩保护球，第二只脚迅速蹬地。

二、运球

运球在篮球训练或比赛中相当重要，它允许球员：在不能传球给队友时可以自己带球向前进攻；带球移动至更有利的位置以传球给队友；或等待队友到位接传球时控制住球；自己向篮筐方向运球并完成投篮或上篮。然而不要过多地运球同样也很重要。如果在比赛中过多地运球，则会失去篮球运动所提倡的团队合作精神，而且运球比较慢（传球可以更快地把球传向篮筐方向）。球员应该学会怎样运球和何时运球（传球）。

应该用手指运球，而不是手掌。运球高度最好不要超过腰部。运球时手腕要放松，用向下挤压动作拍球，而不是抽打动作。要训练两只手都能熟练地运球。

开始先学习在原地运球，熟练后可以一边运球一边走动。不要过多考虑运球时自己的移动速度，先掌握好运球技术。走动中的运球技术掌握好以后，再开始逐渐增加移动速度，直至全速。采取怎样的速度以自己能舒服地运球为标准。

运球时应该抬头，时刻观察场上情况。如果运球时只顾低头看球，很容易被对手盗球，而且也看不到处于有利位置的队友，甚至当自己已经处于容易投篮的位置也不知道。

（一）控制性运球

运球时当球员感到既难以传球，又不可能快速向前时，或者在观察场上形势准备传球或投篮时，应该采用控制性运球。在膝盖到腰部的位置高度运球。双膝微屈，身体前倾，这样容易控制好球，也容易快速变速。不参与运球的那只手臂应该弯曲肘部并向外伸，保持平衡，也阻止对手靠近。

（二）快速运球

在球员要带球快速冲向前场时当然要快速运球。此时身体也要前倾，将球稍微拍向前方，运球高度稍高，在胸部与腰部之间。身体正对移动方向，眼睛观察全场。

（三）变速运球

运球队员要突破对手防守，可以采用变速运球。变速运球要求除了改变运球速度，还要改变运球高度。用小的步幅接近对手，然后突然加速，并把运球高度降至膝部位置，快速突破向前。变速运球需要很多训练才能有效地使用。

三、一对一突破的训练

训练安排：两人一组，一人进攻一人防守，在自己所打的位置上进行突破，训练从摆脱接球和防接球开始，直至突破上篮投中或对方抢到后场篮板球为止，全队分若干组分别在两个篮训练，教练做传球。

目标：在接近比赛的情况下，提高突破技术，以及突破技术的运用能力。

条件：

1. 摆脱接球与突破技术结合起来。

2. 根据防守人的防守特点，进行突破，突破后处理好上篮和急停跳投技术。

2. 注意运用假动作诱惑对方上当受骗。

四、突破上篮

训练安排：全队分两组分别在两个篮训练。训练时，每人一球在A后边站一排。A在右侧原地持球突破上篮后，跑到左侧，待右侧最后一个队员突破上篮后，再在左侧做原地突破上篮，两侧交替做。

目标：掌握突破上篮的方法和技术。

条件：

1. 左、右脚都可做轴，可运用交叉步也可运用同侧步，可从上线突也可以从底线突，但必须按教练的要求和安排进行训练。

2. 可以直接上篮，也可急停后跨步上篮，可以正面上篮，也可以上反篮，无论采用何种上篮方式，都要根据当时防守队员的防守情况而决定。

第三节　体前变向和胯下变向

一、体前大幅变向

要点：

1.幅度要大，速度要快，变向时重心与运球都尽量要低。

2.保护好球。

3.换手之后直接合球起步上篮。

二、胯下+背后运球过人

要点：胯下与背后的衔接要流畅，能把对手骗去反方向是成功的关键，这招对左手的要求没有第一招那么高。

三、体前双变向

体前双变向应该是许多人在实战中都运用过的招式，虽然很好用但是用多了难免被断，不妨尝试一下进阶版的背后双变向，可以大大减小被断球的概率。

要点：双变向就是通过连续的变向来达到晃乱对手重心，从而突破的目的。

四、胯下变向解析环节

方法步骤胯下变向过人，是篮球突破技巧中常见的、实用的技巧。

首先持球佯装往一侧推进，同时观察防守人的站位，速度不用快，然后防守跟着进攻的动作而移动。假装往一侧吸引防守，行进间突然一个胯下变向，压低身体重心，直接过掉防守人。

胯下变向过掉防守后，建议直接突破上篮，如果选择急停跳投，因为防守人在身后，这时就有一定的概率会被防守人盖帽。

不过实战中的胯下过人，往往不是每次都能过掉对手，所以不妨就接个转身，这时防守人多半不会意料到此招，防不胜防。

胯下运球动作要领：

1. 降低重心，在不看球的情况下，先训练右手原地运球，再训练左手原地运球。

2. 靠手腕的力量拨力，单手在身体前左右运球。同样，在身体的一侧前后运球。

3. 左右手在身体前交叉运球，再在体后交叉运球训练。

4. 训练胯下运球，先将左脚向前跨出一步，用右手将球从胯下弹至左手，再用左手顺原路将球弹回右手。换脚、换手后动作一样。然后将这几个运球步骤连贯起来，在原地反复训练。

5. 训练行进间的胯下运球，开始时先沿边线训练直线，再训练曲线，然后在有人防守的情况下模仿比赛中的场面。至于身体如何随着对手的移动做出自然的反应，只有在实践中反复的摸索。

突破过人要点：

在篮球技术中，突破过人是仅次于投篮的一个重要的技巧，它决定了一个人的整体篮球技术。

1. 拿球时要注意重心脚，小心走步。

2. 双手一定要护住球，不要让对方断掉。运球时，球要用身体的非运球手掩护住。

3. 重心尽量地低一点，有利于突破。

4. 观察左右，看看有没有为对手协防，防止被对方"关门"。

5. 尽量向防守人数少、投篮机会好的传球路线的方向突破。

6. 用眼睛来晃对方，突破的时候眼睛要看突破方向的反方向来迷惑对方。

7. 突破方法：向右一晃接着胯下运球运到左手，左手运球从左面快速突破；向右一晃接着胯下运球运到左手，左手转身右手运球从右边快速突破；最简单的变向运球过人，只要速度够快，重心够低就行；快攻中最实用的背后过人，突破之前先左右假动作晃。

五、接球突破跨步变向上篮的训练

训练安排：两个立柱，或防守人，相距2.5米左右。A原地跳步或行进间接传球后，快速突破a的防守，左脚在b前面向左侧前上方做跳步起跳的同时，右手迅速抄球，右肩向前探出，做超越和保护球的动作，然后上篮。跨步、抄球、探肩、上篮一气呵成，全队分两组分别在两个篮训练。

目标：结合实战，掌握接球后突破上篮的方法和技巧。

条件：

1.接球时应与a错位，以便更好地突破a的防守。

2.注意抬头观察，以便在突破b后及时地躲开b的防守。

3.训练时，为了便于队员掌握此方法，b可先用立柱代替，待队员基本掌握方法后，再换成防守队员。开始时只允许a和b的一只脚可以移动防守，逐渐过渡到积极防守。

第四节　背后变向技术

背后运球一直是篮球技巧中最受欢迎的招式之一，其原因是背后运球可利用身体作为掩护，机动性和迷惑性都非常强。背后运球既好看又实用。

以下分享三个经典背后过人技巧，以及一个我们实战中会经常忽略的小技巧——背后。

一、基础背后变向

基础背后变向是实战中最常见的一种背后变向动作，基础背后变向的优势就在于使用的时候安全性高。当我们在距离对方的防守人很近的时候也可以使用，不过基础背后变向也存在着明显的劣势。由于在变向的时候，篮球一直在我们的身后，而且当我们在进攻背运的时候，我们的双脚通常是平行站立的，所以基础背后变向很难快速地形成突破威胁。如果我们要过人，那么就必须在背后变向的时候，去利用拖曳步或者是后撤步，去拉开我们与对方防守人之间的距离，最后再配合坠步或者是变向完成上篮终结。

二、背后绕球变向

背后绕球变向在实战中，是有着极强侵略性的一种背后变向动作。背后绕球变向不同于基础背后变向，背后绕球指的是将篮球从我们的背后拉到我们另一侧脚的前方。所以，如果我们甩开了对方的防守人员，那么我们就能在第一时间去利用球领人完成突破上篮终结。

三、分腿背后变向

分腿背后变向是一种非常高阶的背后变向动作，分腿背后变向能够让我们在背后运球的时候，瞬间形成攻击步；能让我们在面对多人防守的时候，可以以最快的速度去完成从背后变向到加速突破的过程。如果我们想要分腿背后变向，那么就必须要注意两个要点：第一个要点，在做背后运球的时候，要把篮球往斜前方送去，要保证在变向之后，篮球在身体前面的位置；第二个要点，在做背后运球和分腿的时候，要记住两个动作不要同时进行。

四、背后

这个动作是基础版的背后过人，背后运球换手进行变向，动作讲究连贯迅速。往一侧方向运球突破，利用背后运球的动作惯性顺势调整身体重心，以此达到变向过人的效果。

技巧一：跳步急停

在进行背后时，重心会有一个从右向左的转移过程，急停跳步将右腿提上来，可以迅速调整重心向左侧进行变向。另外，向右侧伴装突破，突然上提右脚也能起到一定的迷惑防守的作用。背后运球的同时，身体也要向左侧转，重心转移至左脚。

技巧二：出右脚向左侧突破时，用右大腿和臀部卡住防守人

明明过人速度已经很快，但防守人总是能够跟防到位，其实很大一部分

原因是，没有攻击对手的弱侧方。变向后巧用身体卡住对手的位置，失位后很难第一时间转身调整，若是对方强行转身追防，一个急停给他一个追尾负全责的机会。

技巧三：跨出脚直接朝向篮筐

还是以右脚为例，跨出的右脚除了卡住防守人身位，还能让自己朝向篮筐。过人的最终目的是攻击篮筐得分，所以无论怎样变向，跨出脚都是要向篮筐方向，过人后果断进攻，不要有任何一丝犹豫。

五、背后变向解析环节

背后运球的技巧，分为两个步骤完成。

（一）原地单手向后运球

在运几下球之后，将手移到篮球的外侧，然后将球往身后运球，手跟着球向后走。注意不要用手绕到球的下方，否则会被裁判判定为携带球违例。

（二）行进间背后运球

注意运球要低，换手动作要快，球反弹的高度要在臀部下方。

球的反弹点应该在惯用手相对的脚边，同时可以改变方向突破，越过防守方，最后用非惯用手接住球。

当动作熟练之后，可以逐渐减小背后运球的幅度。刚开始训练时，可以做绕身运球训练，同时训练背后运球。

当掌握熟练之后，可以训练一边走"之"字形的路线，一边背后交叉运球，先用惯用手，然后用非惯用手。

第五节　转身突破技术

做前转身、后转身时身体不能失去平衡，保持基本姿势快速灵活转动，并把握周围的情况。

全队排成4列。"准备"完成动作，"跑"前进。在罚球线、中线和对侧罚球线、端线完成4次"急停→转身动作"。

首先做前转身（向前旋转），保持随时进攻的姿势。转身尽可能快速灵活和幅度大。但是，由于是技术训练，所以在掌握动作之前，动作可以慢一点，以便更加牢固地学好基本姿势。

还有需要特别引起注意的一点，腰部不要上下起伏，要保持一定的高度，上身不要左右或者前后摇动。

在最初的罚球线处以右脚做中枢脚，在中线处以左脚做中枢脚，在对侧罚球线处以右脚为中枢脚，在对侧的端线处则以左脚为中枢脚。也就是右左、左右分别训练中枢脚。根据中枢脚，转身、再转身恢复正面位置。

掌握前转身以后，训练后转身（与前转身训练要领相同），掌握了这两种转身之后，就可以进行前转身和后转身的训练。

注意转身结束时要采取进攻的姿势，也就是有一只脚稍稍处于斜前方，这样既可以投篮，又可以运球移动，酌情以转身为假动作，也可以突然摆脱。因此，有一只脚向对方一侧挤压是一种很好的进攻姿势。

还有一点，从转身"跑"的指示下达，到进入下一条线要以运球的动作跨出第一步十分重要。如果不能模仿，就以队员实际持球训练为好，也许一开始就持球训练效果更好。

一、后转身突破

动作要领：以左脚做中枢脚为例，背向球篮站立，两脚平行或前后开立，两膝弯曲，重心降低，双手持球于腹前。突破时，以左脚为轴后转身，右脚向右侧后方跨步，脚尖指向侧后方，上体后转并压右肩。脚尖指向侧后方，右手向右脚前方推按球，左脚内侧迅速蹬地，向球篮方向跨出，换左手运球突破防守。

动作重心：要控制重心平稳。右脚向右侧后方跨出时的脚尖方向要正确，左脚前脚掌内侧蹬地积极有力。

二、前转身突破

动作要领：以左脚做中枢脚为例，突破前的准备动作与后转身突破相同。突破时，重心移至左脚，右脚前脚掌内侧蹬地，左脚为轴碾地，右脚随着前转身而向球篮方向跨步时，上体左转并向球篮方向压左肩。右手向右脚侧前方推按球，离手后左脚蹬地，向前跨出突破对手。

动作关键：移重心，转身与突破动作要衔接连贯。最后，要注意突破前的假动作，以创造更好的突破时机。

三、运球中后转身突破上篮

训练安排：外线队员每人持一球站三分线位置上，A接教练的传球后，运球欲超越防守队员a，a积极防守堵截。A运用假动作迫使a侧重于自己右侧防守，这时A以左脚为轴，做后转身运球突破上篮动作。

目标：掌握运球中后转身突破上篮的方法和技巧，并在有防守的情况下提高运用的能力。

条件：

1. 根据防守队员的防守情况，及时正确地选择突破的时机和方法。

2. 突破时，脚步要清楚，不要走步。

3. 后转身时，要紧贴防守队员转身，摆动腿和脚卡住防守队员的脚和腿，身体挡住防守队员，使其不便移动。

四、背对篮筐后撤步转身运球突破上篮

训练安排：A背对篮筐持球，后撤步转身的同时，用同侧手运球突破上篮。内线队员在内、外中锋位置上做训练。

目标：掌握背对篮筐后撤步转身运球突破的方法和要领。

条件：

1. 后撤步转身的同时，做轴脚前脚掌积极用力做蹬转的动作，撤步要尽量靠近防守队员，注意用肩保护球，不要走步。

2.会向左、右两个方向突破。

3.突破技术基本掌握时，可加上防守进行训练。在有防守时，与辅脚一侧的肩可先做假动作，引诱防守队员向此侧移动后，再做后撤步突破。

五、移动中背对篮筐接球后撤步转身突破上篮

训练安排：内线队员每人一球站在内中锋位置上。A将球传给教练，上插至外中锋位置背对篮接教练的回传球，然后后撤步转身突破上篮，抢篮板球后排队尾。

目标：掌握后撤步转身突破的步法和技术，把移动接球与后撤步突破结合起来。

条件：

1.移动接球后，注意运用假动作，为突破创造机会。

2.接球到突破，脚步要清楚，不要走步。

3.转身时，要紧贴防守队员，注意保护球。

六、移动接球跨步急停后撤步接后转身突破

训练安排：进攻队员A在移动中接球做跨步急停，面对篮。防守队员a紧逼防守并积极上来抢球，这时A前脚（左脚）后撤步，以后脚（右脚）为辅转身突破上篮。外线队员每人一球排在A后边，轮流训练。

目标：当对方紧逼并上来抢球时，突然利用后撤步转身突破对方。

条件：

1.做轴脚要清楚，不要走步。

2.后转身时要紧贴防守队员转动，使对方不便移动进行防守。

3.注意保护球。

第八章　篮板球技术训练

第一节　篮板球相关事宜与规则

在篮球运动中，抢篮板球可以定义为投篮失误后获得对球控制权的过程。球员需要学习抢进攻篮板球和防守篮板球。抢进攻篮板球的目标是在试图投篮后保持对篮球的控制，而防守篮板的目标是在进攻球队投篮后保持对篮球的控制。在篮球比赛中，篮板球是影响比赛胜负的重要因素之一。对于年轻球员的比赛，篮板球会有更大的影响，因为年轻球员的投篮命中率还处于比较低的水平。

一、抢篮板球应具备的素质

学习抢篮板需要决心和大量的训练。虽然身高和跳跃能力是一个优势，但篮板球技术的关键是决心和技巧。从统计数据来看，无论是职业球员还是大学级别的球员，那些在篮板榜排名靠前的球员并不都是高大的球员，也不是那些跳跃能力最强的球员。无论是职业球员还是学生球员，球员的站立能力和快速接球的能力部是最重要的技能。

与其他球员相比，身材更高、手臂更长、髋部更大，以及良好的腿部和上身肌肉力量，可以使球员在篮板方面获得一定的优势。

尽管球员应该努力挖掘自身全部的弹跳潜力，但教练应该确保所有球员都得到篮板球技术的指导，而不仅仅是弹跳技术。除了帮助球员了解如何跳得更高，教练还必须确保球员能够以正确的方式起飞。

正确地起飞技巧包括弯曲膝盖，用双手用力挥动手臂，使其伸展最大。

当球员以这种方式起跳时，不仅可以充分发挥自身的跳跃能力，而且可以帮助他们在起跳时保持身体接触的平衡，减少抢篮板球时的后犯规次数。

二、激励球员争抢篮板球

在指导球员的篮板球技术时，第一步是让他们了解篮板球在比赛中的重要性和学习这项技术的意义，并向他们解释整个球队必须掌握篮板球技术。每个球员都可以成为一个优秀的篮板手。如果教练忽视了这一点，球员可能会对自己在比赛中的篮板球能力感到失望，尤其是那些身高不占优势的人。

（一）抢篮板球的原因

给球员提供令人信服的理由，告诉他们为什么篮板球技术是一项如此重要的技术。球员必须认识到抢篮板球在获得和保持控球能力方面的重要性。它也是进攻和防守战术的关键部分。抢篮板球是防守的最后一个环节，也是球队防守的关键环节。在攻防两端，抢篮板球也对攻防效率产生了重要的作用。

1. 拿到球

很少有球员不喜欢投篮，但他在拿到篮球后只能投第二球，抢篮板球是获得和保持控球权的基本方式。

在球场的进攻端，抢进攻篮板球能够保持对篮球的控制并提供快速轻松投篮得分的机会。抢进攻篮板球还可能导致对手出现失误——阻止对手获得篮球。在防守端，抢防守篮板则能够获得控球权，这也是防守的最后环节。以成功的防守篮板结束整个防守过程。

2. 执行快攻

球队开始快攻的能力完全取决于防守篮板球及对手的失误，这也是为什么那些快攻能力较强的球员会努力提高防守篮板的效率。无论球员的进攻风格是快还是慢，基本策略都是强调在前场快速获得篮球，以便阻止对手全部推进到篮下，而不是将一些球员留在后场阻止对方进行快攻。

通常情况下，球员喜欢执行快攻，因此可以很轻松地激励他们对篮板球的关注。没有篮板球，就没有快攻。防守篮板能够带来更多的快攻机会。

3. 赢得比赛

最能够证明篮板球重要性的可能就是篮板球的效率与比赛胜负之间的关系。篮板球能力比对手更好的球队能够赢得更多的比赛，具有篮板球优势的球员能够赢得更多的胜利，篮板球能力被列为与比赛胜利相关第三重要的因素。失误率最低（第二重要的因素）以及常规投篮和罚球命中率（最重要的因素）最高的球队获胜次数最多。统计数据表明，那些只能通过让对手得分的方式获得控球权的球队，充其量就是以投篮换投篮，只有有效控制篮板球才能够使球员赶超对手。

4. 职业精神

抢篮板球具有蓝领的工作性质，篮板球效率取决于艰苦的努力。球员和球队需要孜孜不倦地对抢篮板球所需的条件进行体力上的付出。由于冲抢篮板球强调艰苦奋斗的核心价值，因此球员应该养成注重抢篮板球的传统。

（二）强化激励方式

球员理解了获得控球权的重要性，以及篮板球对快攻和赢得比赛的重要性后，教练应该继续说服球员努力训练篮板球技术。

赞扬并鼓励那些在篮板球上付出最大努力的球员，单独对那些在篮板球方面取得好成绩的球员提出表扬，确保让球员知道教练和队友已经将篮板球技术视为团队技术的价值之一，他们在篮板球方面所做的努力和获得的成绩会得到认可。

所有球员觉得自己有责任争抢篮板球，并且理解了自己必须争抢篮板球的原因后，教练就可以开始介绍篮板球方面的基本技术了。

三、篮板球规则

对于进攻篮板球和防守篮板球来说，存在四个规则。这四个规则对于球员或者球队的成功起着至关重要的作用。

（一）假设每次投篮都没有命中也要坚定执行自己的任务

可以将"假设"作为提醒球员和教练的提示语，即假设每次都出现投篮不中的结果这成为一种习惯时，球员就会在每次投篮时条件反射般上前争抢篮板球——即使在队友执行无人防守的带球上篮时，也应该一直做好投篮不中的准备——这样能够使球员养成持续争抢篮板球的习惯。

（二）双手举起

处于进攻或者防守篮板球区域时，双手举起。可以使用口头提示语"举手"来提醒球员执行这种重要的篮板球技术，尤其是球员执行防守卡位或者在进攻篮筐附近时，球员首先应该采取快速站姿，随时准备起跳（腿部弯曲，呈坐立姿势），双手举起准备抢篮板球（上臂与肩部平行，处于同一水平位置）。方法如下。

1. 使球员做好争抢快速篮板的准备。

2. 指导球员阻止对手争抢篮板球（靠近对手并举起双手）。这种动作能够阻止对手举起双手争抢篮板球。

3. 球员在防守卡位时会有所区别。双手举起技巧能够防止防守篮板球球员采取双手向下牵制进攻篮板球球员的这种不合规方式。

（三）使用2+2篮板球技巧

在争抢篮板球时（进攻篮板球或者防守篮板球），双手和双脚起跳时双腿间距较小并尽量向高跳，落地时则采取较宽的身姿。

2+2篮板球就是在争抢篮板球时同时使用双脚和双手，这是一种非常重要的技术。由于篮板球技术是一种身体接触的技术，球员可以采取快速站姿（在比赛中呈坐立姿势），在起跳争抢篮板球后双脚分开，与肩同宽，要提高效率，篮板球员需要使用双手安全抓球，最好是在跳跃到最高点时抓球。

2+2篮板球的教学技巧如下：

1. 采取准备抢篮板球的姿势：快速站姿、双手举起。

2. 应用2+2篮板球概念：起跳时双脚间距较小并尽量向高跳，落地时则采用较宽的身姿。

3. 抓球并置于颌下护球：双手用力抓球，并将球置于颌下或者置于胸前的有利位置，手指朝上而不是朝外，肘部朝外和朝上，将篮球紧紧地保护在颌下位置。

4. 保护篮球：置于颌下。

（四）抓球并置于颌下护球

争抢任何篮板球时，使用双手抓球并将球置于颌下护球。护球时，双手持球，手指朝上，将球置于颌下或者从一侧肩膀移动到另一侧肩膀，肘部朝外和朝上。

四、篮板球评估

教练应该统计每个球员和整个球队的篮板数。将进攻篮板和防守篮板分开计算，有助于找出在攻防两端都有困难或抢篮板成功的球员。这些信息可能会反映球员在进攻篮板或防守篮板技术上的问题，也可能表明球员在攻防两端都没有迅速站出来抢篮板。教练可以利用大量的信息来评估每个球员的贡献，尤其是近篮下球员的贡献，个人篮板数据就是其中之一。

对于优秀的球队来说，总的篮板球目标应该是60%，其中进攻篮板球的目标是30%，防守篮板球的目标是80%。一般来说，百分比目标会比篮板球的次数好些，因为它们不受战术类型的限制。

对个人篮板球的评估可以以百分位的形式体现，将球员执行篮板球任务的次数与篮板球总数进行比较。进攻篮板球效率为70%的球员可能履行了抢篮板球的职责，这就需要教练或者训练助理对投篮情况进行定义和评估，进而决定球员是否达到要求。

对个人防守进行评估是一项更富挑战性的任务。需要对每名球员在每次投篮时的表现进行评估。例如：负责防守的进攻球员位于三分线以内时，进攻球员是否上前阻挡、卡位并争抢篮板球；在篮筐附近和卡位时是否举起双手；是否积极追球、使用2+2篮板球技巧抢球并将球置于颌下护球。防守篮板球效率的百分比是通过将成功的篮板球与投篮总数相除得到的。进攻篮板球和防守篮板球共80%的目标比较合理但又具有挑战性。如果球员完成了80%的篮板球任务，那么就意味着这是一个成功的球队。篮板球效率不意味着一定获得篮板球，尽管这能够增加球队的获胜概率。

可以在训练和比赛中对篮板球百分比进行追踪记录。无论是训练还是比赛，一次可以直接对两名球员进行评估。训练时，将任何具有对抗性质的情况以图表的形式记录下来。每次训练时，不公布两名球员的名字，然后对结果进行总结，并在每次训练后进行公示。对于比赛来说，视频分析能够使教练获得足够的时间对每名球员的表现进行评估，进而确定进攻篮板球效率百分比、防守篮板球效率百分比及总的篮板球效率百分比。每比赛5场必须进行一次评估，这样能够确保获得有效的反馈信息，从而相应地改变战术并加强学习。可以通过单个球员的总效率来算出整个球队的篮板球效率百分比：进攻篮板球效率、防守篮板球效率和总的篮板球效率。

第二节　防守篮板球

好的抢篮板球技巧需要球员在对手内侧获得站位，封阻对手，然后抢篮板球。在篮筐或篮球与对手之间卡位能够增强防守球员的站位优势，确保抢到从篮圈或者篮板反弹过来的篮球。尽管篮板球过程是由三个不同的阶段构成的，但是由于这些阶段的发生速度很快，所以整个篮板球过程就像是一个单一的动作。一般来说，抢篮板球技巧被认为与"卡位"息息相关。

所有的球员都应该理解下面介绍的这些与卡位相关的基本篮板球原则。

一、看到或者听到投篮

球员必须留意投篮的时间和位置。无论是在防守中封阻对手，还是在进攻中尝试获得空位，球员应该时刻掌握篮球的位置。防守时，教练应该向球员强调如何找到合适的位置，使自己既能够看到负责防守的队友，又能够看到篮球。进攻时，则需要在移动获得空位的过程中，善于使用眼睛的余光进行观察。那些看不到篮球所在位置的球员，通常是因为他们的基本技术中存在其他问题。例如，站位或者移动中的问题，应该对其进行纠正。

球员看到对手投篮时，应该大喊"投篮"，提示队友获得合适的位置并争抢篮板球。执行防守提示是那些负责防守投篮球员的人应该执行的基本责任。尽管如此，任何口头提示效果都不如球员自己看到投篮动作管用。

二、假设投篮不中

每一次投篮动作都意味着潜在的篮板球机会。球员必须学会假设每次投篮都不能命中，并上前执行抢篮板球的任务。球员将其培养成自己的习惯时，便会在每次投篮时都条件反射一样去争抢篮板球，而不会考虑投篮是否命中。

三、找到对手

投篮动作发生时，几乎不存在任何例外，年轻球员会观察球在空中的运动轨迹——这是最普遍的篮板球错误。这种错误会导致球员无法获得有利的篮板球站位。球处于空中时，球员的第一反应应该是确定自己防守的对手，或者距离自己最近的球员的位置并执行卡位。

这并不意味着球员不需要注意投篮的方向和距离，而是球在空中时，球员不能扮演观众的角色。教练应该使球员成为活跃的篮板球球员，指导他们在确定对手位置的同时留意投篮方向和时间。移动双脚，用双手抢篮板球。

要确定球员是否只是简单地观察篮球的飞行轨迹，可以使用一个简单的篮板球训练方法，其他球员投篮时，让球员对面的球员用手指比画某个数字。争抢篮板球后，让负责防守进攻球员的球员说出对手刚才比画的数字。如果不能说出具体的数字，则说明他可能将过多的注意力放在了球上，而没有留意对手的动向。

四、靠近对手实施卡位

针对对手实施真正的卡位。球员在学习时可能会顺利地通过前面三个环节，但对于大多数球员来说，尤其是初学球员，卡位是一个很大的挑战。

卡位的目的是在争抢篮板球时获得比对手更有利的内侧位置，通常情况下，距离篮筐更近的球员更容易抢到篮板球。这个位置称为"内侧位置"简称"内位"，位于篮筐和对手之间（对手—抢篮板球球员—篮筐），最好将这个位置选在离篮筐具有一定距离、远离球员密集处的地方（形成较深的投篮区）。

当对手远离篮下并且投篮距离较长时，最好占据外侧位置（对手位于球员和篮筐之间）。而通过卡位封阻对手时，内侧则是比较理想的位置。

在执行实际的卡位前，球员必须移动到进攻对手前所在的位置。球员应该快速移动，不让对手占据有利位置。教练应该指导球员使用旋转和转身的方式使自己在卡位中获得内侧位置。

对对手实施卡位封阻时，球员必须采取快速站姿，同时执行以下动作：双脚平行，与肩同宽；手臂举起，上臂与地面平行，肘部弯曲；手掌朝向前上方。

在篮板球执行动作的卡位环节中，球员之间会发生身体接触。身体接触通常由占据内侧位置的球员发起。因为球员必须转向篮筐并采取快速站姿以便争抢篮板球，他们无法再看到被自己封阻的对手。球员此时必须使用另外一种感觉，即触觉，使自己掌握对手的位置。球员通常可以选择臀部、后背、上臂及肘部来达到这一目的。球员需要呈坐立姿势并使用臀部缓冲区与对手进行身体接触，同时保持双脚处于活跃状态。使用臀部缓冲区感觉对手的位置，不要使用双手，双手应该处于举起的状态。

适用于初学球员和中等水平球员的技巧——靠近对手，使用前转身占据对手的前进路线，然后执行后转身与对手进行身体接触，消除对手的冲力并继续占据他的路线。采用先发制人的战术——主动靠近对手。对于特别优秀的球员，可以使用一种称为"阻挡并卡位"的高级技巧，防守球员在追球并争抢篮板球前挥动前臂阻挡对手，然后滑步执行常规的卡位动作。使用这种方法时，防守球员挥动前臂消除对手向篮筐的冲力，以此来阻挡并使自己面向对手。接下来再执行前转身动作滑步进入卡位位置。总的来说，就是靠近对手，挥动手臂并卡位，然后抢篮板球。

球员与对手进行身体接触的重要性：阻止对手在争抢篮板球时占据内侧位置。对于防守篮板球来说，转身并非永远切实可行，因此教练有必要强调在防守篮板球中，卡位时所使用的技巧并非万能的，重要的是球员是否能够通过卡位动作对对手实施有效的阻挡。

面对特别优秀的进攻篮板球球员时，球员可以使用"面向—阻挡"技巧——面向对手并使用两个前臂阻挡对手，保持与其进行身体接触。但是使用这个技巧时，防守篮板球员无法追球和抓球——要队友完成这个任务。

尽管意识发挥着重要的作用，但是篮球运动是一项以身体素质为基础的运动。教练需要了解，一些球员在争抢篮板球时拥有比其他球员更好地身体就位能力。在训练或者比赛时，教练应该根据球员的身高、力量以及篮板球准备能力为球员分配相应的任务。

五、追球

某些球员对篮球有着天生的嗅觉，这一说法似乎有一定的道理。有些篮板球球员似乎能在每次投篮不中时都位于正确的篮板球位置。这些有着良好直觉的篮板球球员可能会研究从不同位置投篮时篮球反弹的位置，因此他们能够快速朝着篮球的方向移动。

教练可以通过篮板球分布图来帮助球员培养篮板球直觉。从球场一侧执行的投篮有很大概率会反弹到另一侧——球员应该学会占据与投篮位置相对的另一侧位置。对于所有在篮筐一侧投篮来说，弱侧至少应该有两名篮板球球员。尽管如此，球员也应该知道从球场的中路投篮时，篮球很可能会反弹到罚球区的中路位置。此外，还要确保球员知道，短距离投篮时篮球的反弹距离比长距离投篮更短。最后，球员还应该知道有些篮圈投篮能够使篮球反弹到很远的位置，而另一些篮圈投篮则会缓冲投篮的力量，篮球的反弹距离也会随之变短。在进行热身训练时，教练可以让球员对篮圈投篮的反弹力度进行测试。

三分球投篮会产生更长的反弹距离。而在篮筐前面（罚球区顶端）投篮时，球会反弹到罚球线附近。一般来说，侧面投篮时，篮球会反弹到球场另一侧。

快速移动是成功抢到篮板球的另一个因素。善于争抢篮板球的球员将每个位于空中的篮球都视为自己的球权。教练可以通过对球员的篮板球获得次数、断球和盗球等行为进行表扬的方法来加强这种理念。

对时间有很强的掌控力及良好的弹跳能力是成功获得篮板球的两个有利因素。如果只是在全场毫无章法地冲刺跳跃，而不知道其中的时机和方法，也是毫无意义的。存在几种可以帮助球员正确掌握篮板球起跳时机的训练方法。

其中，一个特别有效的方法是让球员重复向篮板抛球，然后尝试每次在跳到最高点时抓球。

六、获得并保护篮球

很多时候，球员以近乎完美的动作抢到篮板球，却由于护球能力不足而失去对球的控制。在进行篮板球方面的教学时，教练应该强调，如果不能在获得篮板球后很好地保护篮球，那么球员之前所做出的所有努力都会化为泡影。

掌握这种双脚起跳、双手抓球的有力且平衡的抢篮板球技巧，能够减少球从球员手中脱落或者被对手抢走的概率。教练可以通过让球员每次抢篮板球时都选择这种方式，来提高他们的抢篮板球技巧。对于年轻球员来说，他们在抢到篮板球后应该睁大双眼并一直关注篮球。

当篮球从篮筐上反弹的位置不允许球员使用双手抓球时，球员应该使用一只手先控制篮球或者将球拨给队友。

在抢到篮板球后保持对球的控制似乎比想象中更难。对面的对手会试图将球从篮板球球员的手中打掉。对手通常会用两名甚至三名球员来包夹篮板球球员，使篮板球球员没有条件传球或者运球。球员需要学会处理这种情况。

球员在一名或者数名对手附近抢到篮板球时，必须首先将球移动到颌下位置，肘部朝外，双手分别放在篮球的两侧，紧紧地抓住篮球，即将球置于颌下护球。护球的最佳位置是下巴的正下方，但是也可以在肩膀之间的力量区移动篮球，使球远离防守球员。教学要点如下：手指朝上，肘部朝外并朝上；球员应该紧紧抓球并采取较宽的身姿。指导球员在抢篮板球或者任何人员密集区域持球时都要将球置于颌下，这样能够保持对篮球的控制。教练要告诉球员不能通过横向挥动肘部的方法来阻挡对手，因为这样容易导致违例或者犯规行为的发生。可以以肘部朝外的姿势使自己获得一定的空间。将球置于颌下时，篮板球球员可以通过转身动作来摆脱对自己施压的球员，进而对篮球提供保护；球员应该保持抬头姿势，寻找突破到前场或者在后场上处于空位的队友。

篮板球球员在投篮不中获得球的控制权时，附近的一名对手会尝试盗球或者对篮板球球员施加压力。教练应该指导球员通过转身的方式摆脱对手。球员应该寻找为队友传球的路线或者能够在不丢球的情况下执行运球，提示球员在人员密集区域抢到篮板球时不能立即运球，因为那样会使对手有机会盗球或者进行干扰。

篮板球球员发现自己被两名或者三名对手包围时，只要球员能够保持镇定，将球保护在力量区或者颌下并查看全场局势，就一定会找到可行的解决办法。教练可以教给球员一种摆脱方法——迈步通过技巧。通过后，可以使用运两次球的方式将球推向前场。高个子球员可以执行急停动作，然后将球置于颌下，寻找时机为处于空位的队友传球，外线球员接球后则可以继续向前场运球。防守球员留下较大的空位时可以使用这种技巧。有时候，通过执行一个头顶传球假动作也能够使防守球员移动双脚，进而为进攻球员创造迈步或者运球通过的空位。持球球员不能强行通过防守球员，因为这样可能导致带球撞人犯规行为的发生。

另外一种能够帮助篮板球球员摆脱包围的选择是越过防守球员进行传球。如果能够在传球前做出合适的假动作，即使是身材比较矮小的球员也可以使用这种方法。比赛中会出现如下情况：防守球员被两名或者更多的队友包夹时，他的一名队友应该已经处于空位或者能够执行突破获得接球的空位。同时，一名防守球员可能会参与进来并对篮板球员犯规。教练应指导球员当他们在抢到篮板球后被对手包夹时，保持镇定并等待上面介绍的情况出现。面对这些情况时，先做传球假动作，然后真正地传球，这是球员可以采用的一个方法。

七、将篮球向外或者向前场转移

能够稳定地控球后，防守篮板球球员必须从以下几个选项中做出选择：为前场中处于空位的队友传球，或使用两次运球向前推进，或等待控球的外线球员过来拿球。无论防守篮板球球员选择哪种方法，都应该先保持抬头姿势并将球置于力量位置护球。

（一）传球

获得防守篮板球后，首先选择的移动篮球的方式应该是向外传球。没有任何对手的速度会比向前场快速传球的速度更快。教练需要强调的是，球员获得防守篮板时，无论执行快攻战术还是只想以简单方式将球快速向前移动，第一选择都应该是传球。

为前场队友传球有以下几种方式：队友位于场地的另一端且处于空位状态时，可以选择长距离空中直传的方式。队友处于球场的中间区域且占据了传球路线时，可以选择双手头顶传球的方式；在6米左右的位置向侧面或中路突破时，可以选择双手胸前传球的方式。通常情况下，由于球场侧面的人员密集程度比中路低，因此应该指导球员在获得篮板球后，首先寻找篮板球一侧这个区域中处于空位的队友，然后寻找处于中路的队友。

成功的传球需要传球球员和接球球员的共同努力，因此教练应该指导球员在队友获得防守篮板球后努力获得空位。如果有机会在前场破解对手的战术，那么球员应该努力利用这种优势。后卫球员则应该快速移动到篮板球球员能够为他们传球的位置。如果后卫球员想要从获得篮板球的球员那里接外线传球，那么一个特别好的位置就是球场上篮板球一侧——对手的罚球线和中场线之间——背对边线的站姿能够使外线的接球球员看到全场局势。

优秀的球队能够在获得防守篮板球后保持对篮球的控制。教练必须强调的是，从防守到进攻的转换能够带来成功的进攻结果，也可能需要再次回防，这取决于球员的控球效果。

（二）运球

一般的球员不会以运球的方式从球场一端移动到另一端。通常教练允许抢到篮板球的球员以运球的方式运球至场地的另一端。身体和技术上占优势的球员可以提高篮板球和运球的能力，全场移动的益处已经变得越来越明显。

防守篮板球球员将球运至场地另一端的一个优势，就是能够消除传球中可能出现的失误。如果不传球，自然也就不会出现传球失误的情况。除此之外，防守篮板球球员或者运球球员在快攻时能够快速占据中路位置，不需要等待队友获得空位。球员必须学会对这种情况做出回应，让队友分散开并在向前场跑动时占据传球路线。

防守篮板球球员运球还有机会获得对抗时的人数优势。由于一名或者更多的对手通常无法执行从进攻到防守的快速转换，因此防守篮板球球员或者运球球员能够在对手回防前推进到前场。如果球员能够认识到这种情况并快速向前场推进，那么球队可能会获得五打四甚至五打三的人数优势。

总的来说，教授几乎可以指导所有的高个子球员争抢篮板球，转身面向前场，使用一次或者两次运球推进使球脱离危险区域，执行急停，将球置于颌下并寻找为控球队友传球的空当机会。

第三节　进攻篮板球

教练必须确定篮板球的战术系统，特别是在防守时。一般来说，在争抢防守篮板时，所有球员的任务和原则都是相同的，而在进攻时，教练需要确定哪些进攻球员需要移动到篮板下争抢进攻篮板球，哪些球员需要在投篮时向后移动并转换为防守状态。大多数球队都会有三名进攻篮板球球员，两名趋后的防守球员。采取更为激进的战术方法时，球队会指定4名篮板球球员，只有一名趋后球员负责己方篮筐的安全。

当对手成功地执行了"球—防守球员—篮筐"这种防守站位时，要想抢到进攻篮板球特别困难，因为对手在占据内侧位置时拥有一定的优势，进攻球员的优势则在于能够更好地掌握投篮的时间和位置。教练应该强调的是，球员需要对队友的投篮进行预判，以及对自己的投篮做出及时的反应；否则，在面对优秀的防守球员时，会遇到极大的麻烦。将一个处于优势位置的篮板球球员挤开并不容易，球员不应该使自己置身于防守篮板球球员的背部上方，因为这样容易导致犯规。

对于进攻篮板球球员来说，基本的站位目标（按照重要程度排序）如下：球员应该占据间隙位置，而不是跟随对手的背部；占据内侧位置并封阻对手；至少通过移动到另一侧或者绕篮筐移动的方式获得与对手均衡的位置，与篮下的对手进行身体接触并使用肘部轻推对方——双手举起依靠胸部移动到内侧，无法使用双手抓球时，将球拨向自己或者队友，保持篮球处于活跃状态。

朝间隙位置移动的技巧是V形切入或者摆动手臂、移动（基本形式）及后转身。投篮时，进攻球员选择距离防守球员之间的最佳间隙（取决于位置和投篮的准确度）并向间隙位置执行V形切入。对手卡位时，进攻球员可以使用外侧手或者胳膊阻挡对手，然后使用手或者胳膊在头上快速执行摆动动作，至少能够使自己的手处于与防守球员均衡的位置。另一个能够通过甚至获得与防守球员势均力敌位置的移动方式是后转身，当对手是一名进攻性较强且卡位积极的防守球员时，这种方法最有效。进攻球员在想要移动的间隙位置使用前腿与对手进行接触。在使用相同的脚作为旋转脚时，进攻球员向后转身180°，使迈步脚在目标间隙位置位于防守球员脚的外侧。接下来，将迈步脚作为新的旋转脚，篮板球球员向前180°转身以双手举起的姿势通过防守球员。

进攻篮板球非常重要，因为它能够使进攻队再次获得得分机会。新一轮的控球还能打击防守球队的士气，因为他们失去了获得控球权的机会。进攻篮板球球员在获得篮球后可以做出多种选择。

一、获得篮板球后投篮

球员抢到进攻篮板球时，第一个选择就是投篮。球员首先应该寻找投篮机会，如果没有投篮机会，那么在执行最后的运球选项前，可以尝试将球传给队友。教练需要强调，进攻篮板球是一个利用对方处于防守状态的良好时机，因为防守球队无法快速从防守篮板球的姿势转换到防守进攻球员的姿势，同时防守球员也可能不能很好地防守进攻球员投篮。进攻篮板球球员在获得篮板球后可以选择无运球投篮，也可以选择运球后投篮。

（一）补篮

如果球员具备较高的技术和较好的身体素质，那么可以通过执行补篮动作使球入筐。很多人对补篮有着错误的理解，补篮实际上是球员起跳并在落地前使篮球进入篮筐。使用单手执行补篮动作通常并不会使篮球入筐。教练应该指导球员在补篮时锁定肘部位置并尽可能地使用双手投篮（补篮）。

在利用对手的缺位时机方面，补篮是最为有效的方式。补篮时不需要将球带回到地面，进攻球员能够使防守球员没有机会恢复防守状态，因此无法对补篮动作实施防守。在将补篮作为进攻篮板球的一个选项时，要确保球员在身体和技术上达到移动的成熟度。对于初学球员来说，补篮则过于困难。

（二）无运球投篮

鼓励球员在抢到篮板球时不使用运球动作而选择直接投篮的方式，因为运球浪费时间，会使防守球员获得恢复防守的机会。运球动作还能使球暴露给防守球员，因此篮球容易被对手抢断或者打掉。如果球员已经掌握了正确的篮板球起跳技巧，就会在持球落地时采取能够立即投篮的姿势。球员可以从头顶位置投篮或者将球置于颌下，但是要始终保持篮球向上的状态。

很多时候，球员会养成接到传球或者抢到篮板球后立即运球的不良习惯。当球员抢到篮板球后不运球时，教练应该特别指出来并给予表扬。

可以抓住个人投篮训练的时机，帮助球员养成获得篮板球后直接投篮的习惯。让球员知道，每次投篮不中时，他们应该快速上前争抢篮板球，保持身体平衡，肩膀正对篮筐并继续进行投篮（保持篮球处于头上位置并快速投篮；将篮球置于颌下并快速投篮；或者将球置于颌下做投篮假动作后再快速投篮）。球员应该持续进行投篮和抢篮板球的动作，直到投篮命中，然后从球场上的新位置开始下一轮竞争。获得进攻篮板球后无运球投篮应该成为球员自然的反应。

（三）运球后投篮

尽管球员应该避免在获得篮板球后运球，但有时候球员同样有理由在获得进攻篮板球后先运球再投篮。一种情况是球员在距离篮筐较远的位置获得篮板球且没有防守球员上前防守。这是一个能够轻松得分的机会，自己与篮筐之间处于空位状态时，球员应该运球并执行带球上篮动作。另一个可以选择运球的情况是将球从人员密集的区域中转移出来。

二、获得篮板球后传球

获得进攻篮板球的球员也可以选择将篮球传给队友。传球是球员获得进攻篮板球后的第二个选择（仅次于投篮）。在球员抢到篮板球并再次寻找投篮的空当时，他们也需要找到那些处于空位的队友并为其传球，然后后者轻松投篮得分，尤其是投三分球得分。教练可以鼓励球员利用防守球员在争抢篮板球后需要恢复防守状态这一优势，选择投篮或者将球传给有机会投篮的队友，利用进攻篮板球导致的对手防守瓦解这一时机，将球传到外线并执行三分球投篮。

有时候，进攻球队会选择重新整理进攻，或者出于战术需要，或者为了消耗比赛时间，投篮就成了获得进攻篮板球后最后一个选项，而传球和运球就变成了更为优先的选项。

三、获得篮板球后运球

当不能进行投篮或传球时，进攻篮板球球员应该选择运球。运球通常会使防守球员有机会恢复防守状态及对篮球实施抢断。由于进攻篮板球球员经常处于防守球员的包围之中，因此失误概率也会随之大大增加。教练应该指导球员在获得进攻篮板球后先寻找投篮机会，然后寻找传球机会，最后才选择运球。

四、篮板球相关要点

1. 争抢篮板球是球队中所有球员的共同职责。

2. 控球、快攻及赢得比赛都与良好的篮板球效率密切相关。

3. 假设投篮不中是最重要的篮板球原则。

4. 2+2篮板球技巧非常重要，即争抢篮板球时使用双手和双脚。

5. 球员执行卡位或者处于篮筐附近时，应该保持双手举起的姿势。

6. 最佳的抢篮板球技巧强调对与自己相对的对手实施封阻。

7. 卡位包含以下几种技巧：留意投篮的时间并假设投篮不中；在留意投篮方向和投篮距离的同时，找到、靠近并封阻对手（阻挡并卡位）；追球并抓球，然后将球置于颌下护球。

8. 颌下护球是最重要的篮板球技巧。

9. 进攻篮板球：假设投篮不中；双手举起移动到间隙位置。

10. 2+2进攻篮板球球员应该寻找投篮、传球或者运球的机会——按顺序选择。

11. 防守篮板球：阻挡、卡位、抢篮板球。

12. 根据球员的技术水平及所处的情况，防守篮板球球员应该选择传球、运球或者持球站立。

第四节　篮板球训练

篮板球中的一个重要因素是进取精神和与对手进行合规的身体接触，球员应该通过循序渐进的训练来培养自己的进取精神。

一、队列训练：2+2篮板球、抓球并将球置于颌下护球

目标：指导球员2+2篮板球、抓球并将球置于颌下护球的篮板球技巧。

准备：半场场地，每个队列一个篮筐。

步骤：开始时首先进行无球训练——使用2+2篮板球技巧，在罚球线、中场线，以及对面的罚球线和底线位置执行抢篮板球的动作。接下来，每个队列中的第一名球员持球，执行双手抛球或者下手头顶抛球动作，使用2+2篮板球技巧抢篮板球，接球并将球置于颌下，然后执行PPF后转身动作将球传给队列中的下一名球员，后者重复以上动作。

训练顺序：

1. 执行无球的2+2篮板球动作。

2. 直接在头上抛球。

3. 向右、向左或者向前抛球。强制篮板球球员使用2+2篮板球技巧争抢自己区域之外的篮板球，即向左、向右或者向前执行变向跳抓球并将球置于颌下护球。也可以采用另外一种训练方式，即教练站在罚球区顶端，在执行本训练的前两个环节时为每个队列传球。

4. 双人头顶抛球。队列中的第二名球员可以参与对抗并向篮板球球员施压，以便检查他的颌下护球技巧。篮板球球员必须转身摆脱压力并向外将球传给队列中的下一名球员。

5. 训练两次运球推进至前场。篮板球球员可以使用2+2篮板球技巧抢球并将球置于颌下，转身摆脱防守压力并执行两次运球将球推进至前场。以急停动作结束运球时，篮板球球员可以转身并将球向外回传给底线位置的下一名球员。

二、队列训练：防守篮板球

目标：通过模拟方式指导球员抢防守篮板球技巧。

准备：半场场地（最低要求）。

步骤：训练时，将球员在底线处分成4个队列。教练发出"投篮"的口头命令时，每个队列里的第一名球员快速移动到距离篮筐3米左右的位置，采取防守卡位姿势，然后使用阻挡、卡位、抢篮板球的技巧。每名球员都模拟卡位、抢篮板球、将球置于颌下并向外传球的动作。然后接下来的4名球员快速移动到场上并采取基本站姿或者防守快速站姿。

（一）防守篮板协防侧卡位

最前面的4名球员快速移动到场上，并在罚球线及其延长线上采取进攻基本站姿，接下来的4名球员采取正确的防守基本站姿，面向边线模拟对防守球员提供协防支持。听到"投篮"命令时，所有球员执行争抢防守篮板球的任务，所有球员必须在罚球线位置进行身体接触。这个训练中不需要使用篮球。

（二）持球防守篮板（封阻投篮球员）

位于底线位置的4名球员每人手持一个篮球并采取三威胁姿势。持球球员将球传给位于罚球线附近的进攻球员，然后上前由无球防守转换为有球防守姿势。进攻球员需要承担一点教练的职责，在双脚起跳在空中接球并准备投篮的同时，检查搭档的抢守篮板球技巧是否正确，进行投篮假动作，然后进行短距离投篮。投篮时注意向上投球，不要向外投，在篮球落地前一直保持跟随动作。投篮球员负责检查搭档的动作，后者成为接下来的投篮球员，投篮球员则回到队列的末尾。使用这种训练方式可以在短时间内重复对防守篮板进行训练。

三、队列训练：进攻篮板球

目标：指导球员训练进攻抢篮板球技巧——通过防守执行卡位、移动到间隙位置、通过身体接触迫使防守球员向篮筐移动。

准备：半场场地。

步骤：将球员在底线位置分成4个队列，最前面的4名球员位于罚球线位置，采取快速站姿和举起双手面向底线站立。要获得更真实的训练效果，可以将球员队列置于半场线位置，最前面的4名球员位于罚球区顶端，面向底线站立。教练通过以下命令指挥训练。

1.以游泳姿势向右或者向左移动，双手举起实施卡位封阻，占据间隙位置。

2.双手举起移动到间隙位置，然后返回到底线位置。

队列中的第一名球员双手举起，采取准备抢篮板球姿势，然后移动到队列的末尾，队列中的第二名球员训练抢进攻篮板球技巧，然后成为队列的第一名球员（双手举起，准备抢篮板球）。这个训练在执行时不需要使用篮球，教练负责控制整个比赛。很多基本的抢进攻篮板球技巧都可以通过这种训练方式在短时间内得到训练。

相同的过程步骤也可以用在后转身训练中。进攻球员从后面接近防守球员，将一只脚或者膝盖置于防守球员的腿中间，执行后转身动作，然后执行前转身动作移动到间隙位置并通过防守球员。

四、抢防守篮板球和向外传球训练

目标：指导球员争抢防守篮板球并向外传球（运球）。

准备：一个篮球和一个篮筐（可以两个队列同时进行训练，每个队列位于球场的一侧）。

步骤：接球球员突破获得空位时，应该大喊传球球员的名字。第一名球员a将球传给球员d，在罚球区急停获得空位接回传球，然后以下手抛球方式将球抛向篮板上矩形区域的上方，模拟防守篮板的情形。球员a以变向跳方式跳向篮球，使用双手抓球并将球移动到额前位置，以右脚为旋转脚执行前转身动作，向外为d传球，然后接替d的位置。球员d将球传给b，然后移动到队列的末尾。球员b、e和c，可以在另一侧重复以上动作。

训练：可以将向外传球的队列置于半场中，防守球员可以执行两次运球。

五、篮板球读数训练

目标：训练在投篮时观察对手和篮球的技巧。

准备：篮球和篮筐。

步骤：将球员分成两人一组，两组或三组球员可以共用一个篮筐。选择两名进攻球员和两名防守球员，罚球区的两侧，即底线和罚球线之间的位置每侧各站一名进攻球员和一名防守球员。一名教练在每个罚球线位置持球站立。罚球区每侧的防守球员采取基本站姿防守进攻球员。进攻球员开始通过移动获得空位。如果进攻球员获得空位，教练可以为其传球；否则，教练进行投篮。每名进攻球员在争抢篮板球时，立即举起一只手并用手指出示某个数字，防守球员则应该努力封阻进攻球员并获得篮板球。如果一名防守球员获得篮板球并且两名防守球员都能准确说出进攻球员出示的数字，则进攻球员在下一轮训练时扮演防守球员的角色。

六、卡位和封阻训练

目标：模拟一打一、二打二或者三打三篮板球情形下的团队对抗，包括有球和无球封阻。

准备：篮球、篮筐和半场场地。

步骤：开始训练时，一名、两名或者三名进攻球员站在距离篮筐5米左右的位置，相同数量的防守球员持球站在篮下位置。投篮命中时，才会重新开始训练，防守球员抢到篮板球时，防守方必须先将篮球安全转移到罚球区顶端位置，然后才能够转换为进攻方。无论何时，只要指定的任务没有完成，那么教练就可以让三名防守球员一直扮演防守方的角色。

七、队列训练：全场无球进攻篮板球

目标：通过模拟的方式指导球员抢进攻篮板球技巧。

准备：半场场地（最低要求）。

步骤：每个队列最前面的球员从基本姿势向前移动到罚球线区域，快速

起跳，模拟接球及落地时将球置于颌下护球的动作并使用指定的得分移动方式。球员在半场线、对面的罚球线和对面的底线位置重复以上动作。4组球员都到达终点线时，球员开始执行返回动作。进攻球员向前移动时，相互应该保持5米左右的距离。

八、"∞"字篮板球训练

目标：指导球员抢篮板球的技巧。

准备：一个篮球和一个篮筐。

步骤：球员三人一组站在篮下位置。开始训练时，中间的球员向篮板投球，以这种方式将球传给下一名球员。训练目标是持续地进行双手补篮，或者将球置于颌下护球并重复指定的训练次数，补篮或者抢到篮板球的球员站在末尾位置。

大多数球员需要使用双脚和双手抢篮板球并将球移动到颌下位置，然后按照教练指定的进攻移动方式投篮得分。篮板球球员需要使双脚与底线成正确的角度，并以篮板上的矩形区域的上方作为投篮目标，这样篮球才会反弹到下一个球员所在的位置。

九、"循环"训练法

目标：指导球员争抢进攻篮板球并得分的技巧。

准备：每个篮筐两个篮球。

步骤：两队球员在罚球线区域面向篮筐站立，每队持一个篮球。每队的第一名球员使用双手下手抛球的方式向篮板传球，然后使用指定的得分移动方式。得分后，球员将球传给队列中的下一名球员并移动到对面队列的末尾。每名球员都应该假设投篮不中然后继续抢篮板球并投篮，直到投篮得分。指定的得分移动方式如下：

1. 双手补篮得分；

2. 头顶持球，快速起跳投篮得分；

3. 颌下护球，做投篮假动作，然后投篮得分；

4. 颌下护球，为外线球员传球进行三分球投篮。

在这个训练的最后阶段，可以加入对抗的元素，培养训练球员在罚球区内的进攻精神和得分能力。教练手持一个篮球站在罚球线位置，同时与两名球员（每个队列各一名球员）一起训练。教练进行投篮动作，球员争抢篮板球，直到一名球员抢到篮板球并投篮得分。球员应该使用双手抢篮板球并将球置于颌下护球。持球球员必须在不运球的情况下在罚球区投篮得分，另一名球员则对其进行防守。训练中没有边界的限制，控球球员将球传给教练（如果能够快速移动获得空位，教练需要将球回传给球员）。

十、强手训练或抢篮板球训练

目标：指导球员进行提高进攻精神的训练。

准备：每个篮筐一个篮球。

步骤：4～8名球员组成的组可以使用一个篮筐进行训练，一次3名球员。如果参加训练的球员数量为6～8名，多余的球员可以进行自由投篮，等待轮换。教练可以站在篮筐附近进行投篮动作（故意投篮不中）并向外围篮板球球员传球。比赛的规则如下：

1. 投篮不中（教练）即代表比赛开始。

2. 所有球员都应该努力争抢篮板球。

3. 获得篮板球的球员负责进攻，其他两名球员则成为防守球员。篮板球球员可以使用各种得分移动方式；所有投篮必须是在罚球区内且没有运球的情况下进行的。

4. 篮板球球员可以将球向外传给教练，然后在罚球区内获得空位并接教练的回传球。

5. 训练时没有边界的限制。

6. 三次投篮命中的球员可以进行轮换（其他球员需要记录自己已经命中的投篮次数）。刚开始训练时，最好选择一次投篮命中后即下场执行轮换并加入多余球员的序列。

7. 教练只需要指出那些明显的犯规动作。犯规或者不执行防守职责时，球员可能会被扣分。

十一、单人篮板球训练

目标：让球员自己训练篮板球技术。

准备：篮球、篮筐及篮球反弹设施（或者一名搭档）。

步骤：使用双脚和双手的篮板球技巧，按照比赛节奏执行各种篮板球选项。

选项：

1. 使用双手下手抛球的方式，向篮板或者篮圈上方抛球，创造篮板球的机会——采取变向跳抓球并执行进攻得分移动动作（头顶投篮；颌下护球并投篮得分；颌下护球、投篮假动作并投篮得分）；假设投篮不中。

2. 抛球创造防守篮板机会——快速向外将球传给反弹设施或者搭档，或者通过两次运球的方式使球摆脱危险区。

3. 球员尽可能快速地向高处跳；每次起跳时使用双手将球推向篮板。

4. 将球放在罚球区的位置区上——双手抓球，快速抛向篮板，抢篮板球并在相应的位置投篮（抓球、颌下护球、快速移向篮筐）。将球放在对面的位置区重复训练。

5. 从罚球区外侧开始训练，将球抛向篮板，使球反弹到罚球区的另一侧。迈一步跳跃抢到篮板球，在另一侧罚球区外侧落地。重复进行5次并以一个强行移动上篮得分动作结束。

十二、篮板球进阶训练：三打〇、三打三

目标：提供三名球员争抢篮板球的格局，以团队形式检查或者训练篮板球技术，并以此作为训练的一部分或者比赛前的热身。

准备：篮球、篮筐、半场场地。

步骤：球队的一半球员可以在篮筐附近进行这个训练，其他球员则加强或者训练其他方面的技术。这个训练分为以下两个部分。

1. 在进攻（三打〇）团队篮板球训练中，教练负责控制训练节奏并投篮创造篮板球机会。相关的训练形式如下：

第一，任意三个位置的常规三打○（教练投篮后，低位球员移动到中路或者弱侧抢篮板球，其他两名球员移动到弱侧）。

第二，向上执行补篮动作以及向外拨动篮球。

第三，界外球保护。教练使球向界外区域反弹；救球球员另外两名球员必须进行口头交流。

第四，三打○训练。进攻球员必须移动到间隙位置并争抢篮板球。

第五，训练获得篮板球的球员尽量投篮得分，另外两名球员对投篮球员进行干扰。三名球员都要假设投篮不中并争抢篮板球，直到一人投篮得分为止，然后快速跑向中场线（罚球区顶端），同时从内侧肩膀观察篮球和篮筐。

2. 对三个人偶或者三名固定不动的进攻球员实施卡位并争抢防守篮板球（三打三）。教练投篮，三名防守球员阻挡、追球并将球向外传给教练，或者向外执行两次运球推进，然后将球传给教练。按照卡位或者阻挡、追球并领下护球、抢篮板球及向外传球的顺序。

十三、篮板球对抗训练：三打三、四打四

目标：在教练的控制下，模拟比赛节奏连续争抢进攻篮板球和防守篮板球训练。

准备：半场场地及三组（每组3～4名球员）能够区分开的球员。

步骤：开始训练时，选择一组球员作为进攻方，一组球员作为防守方，还有一组球员站在篮下位置。教练持球站在篮筐下的底线后面，发起开始比赛的指令并控制比赛节奏。还需要两名球员站在半场后面的边线位置接界外传球。

轮换方式：投篮不中时，进攻方和防守方都需要努力争抢篮板球。如果防守方获得篮板球，球员需要按规则将球外传并成为下一轮的进攻方（底线处的球员组现在成为防守方）。进攻方获得篮板球时，则继续扮演进攻方（投篮得分后，移动到半场位置准备继续进攻）。底线位置的球员组则成为防守方。在继续训练前，一直要先将球传给教练。可以为训练规定一定的时限。可以通过以下三个标准评出最终获胜的一组：防守篮板球数量最多、进攻篮板球数量最多或者得分最多的组。教练可以根据需要强调其中的一个标准。

十四、篮板球大战

目标：以五打五的形式着重训练拼抢守篮板球和进攻篮板球的意识和精神。

准备：篮球、篮筐和半场场地。

步骤：这是一个具有实战性质的练目。训练开始时，教练投篮（大部分时间都会投篮不中），按照实战比赛进行，投篮命中或者投篮不中，球员可以在任何情形下抓球、护球并将球置于颌下，无需考虑边界线的限制。通常的得分标准是获得防守篮板球得1分，投篮命中得2分，获得进攻篮板球获得3分。教练可以通过为某个特定动作加分的方式来强调进攻或防守技术，球员得分时，让球员继续保持为这种动作的执行者。这个训练还存在以下多个变化方式。

1. 卡位——防守球员在训练开始时站在底线位置，为进攻球员或为教练传球，使其投篮。

2. 跳过传球环节，直接投篮。

3. 次要快攻选择，转移篮球并投篮。

4. 从区域联防开始。

5. 任何其他特别的进攻战术或情况，然后投篮。

可以为训练设定时限，或者以某一方最先达到一定的分数作为训练结束。

第九章　防守技术训练

第一节　防守的各种步法

一、防守的基本步法训练

训练安排：全队站成两排，队员左右间离为3～5米，前后距离为5米，按下列方法训练，每个训练方法都要从防守的基本姿势开始。

1. 原地碎步跑训练。每次做15秒，休息15秒，做3～5组。

2. 在一米见方的范围内，做滑跳碎步。每组做30秒，休息30秒，做3～5组。

3. 做绕前步和绕后步。每种步法各做5～10次。

4. 看教练的手势向左（右）、前（后）做各种滑步30～60秒一组，休息30秒，做3～5组。

目标：掌握各种滑步技术动作和方法。

条件：频率要快，两脚不要离开地面。

二、各种滑步的综合训练

训练安排：队员在端线外站一排。依次做以下项目：

起动跑；左、右腿的攻击步；原地10次碎步跑；撤步；侧后滑步；横滑步变堵截步；侧后滑步；跳起所球；横滑步；后转身180°；横滑步；前转身；横滑步变堵截步；侧后滑步；跳起断球。前一个队员做到第8项时，下一个队员再开始训练。依次连续进行。每次训练每人做5～10组。

目标：

1. 掌握各种防守步法。

2.提高各种步法移动的速度和综合运用的能力。

条件：

1.各种步法应在快速移动中完成。

2.各种步法之间的转换要快。

三、一对一防守步法的训练

训练安排：两人一组，防守人先把球传给进攻队员，按下列训练方法进行。

1.用箭步、攻击步和碎步快速移动到位，然后变平步紧逼持球队员。

2.持球人原地向两侧做转身跨步动作，防守人训练横滑步，同时用手骚扰球。

3.持球人向两侧做短距离运球，防守人运用横滑步防守。

4.持球人向防守人前脚的方向突破，防守人训练撤步和侧滑步。

5.防守队员做侧滑步防运球时，进攻队员运球突破。防守队员由侧滑步变堵截步，防突破运球。

6.进攻队员运球超越时，防守队员运用追身追防跑的步法追防。

7.当追上运球队员时，防守队员用堵截步变碎步或直接用碎步的步法，调整与进攻队员的防守位置和防守距离。

8.平步紧逼持球队员，如果进攻队员近用突破假动作迫使防守队员远离自己时，防守队员可变成上、下斜步防守，如果对方投篮，防守队员跳起封盖，起跳前也要注意手对球的干扰。

9.防守队员运用侧滑步防运球时，进攻队员突然急停跳投，防守队员马上由侧滑步变向上跳起，封盖投篮。

10.防守队员运用侧滑步防运球时，进攻队员突然急停跳投，防守队员立即上步，在对方起跳前靠近进攻队员，影响对方起跳，干扰对方投篮。

组织教学训练安排：十种防守步法做完后，两人攻守交换。每次训练每人按上述方法做1～2组，每个篮安排2～3组队员同时训练。

目标：掌握防有球队员的各种防守步法。

条件：

1. 训练时要认真，各种防守步法应按其要领和规格要求去做。

2. 进攻队员应协助防守队员掌握各种防守步法。

四、防守抢位训练

训练安排：两人一组一个球，一人进攻一人防守。训练时，进攻队员A把球传给教练，当教练再回传给A球时，防守队员a要及时地移动到位。到位后防A投篮、突破。然后A把球传给教练，这时a再回缩到原来的防守位置上，待A接球时，又立即抢位防守。a反复训练5~10次抢位移动后，与A攻守交换，站在队尾。全队分若干组，分别在两个篮同时训练。

目标：掌握防守到位的方法，提高防守到位的能力。

条件：

1. 防守队员做到"球到人到"，而且又能控制好自己身体的重心。训练时根据a与A的距离选择移动步法：距离远时运用跑步变碎步到位；距离不太远时运用箭步、攻击步到位；距离近时运用碎步到位的方法。

2. 到位后应采用平步紧逼持球队员。

五、滑步训练

训练安排：两人一组一个球。全队分若干组，都站在球场一侧边线处。两组队员，一组队员运球，另一组队员防守。

1. 横滑步

O组队员向一侧横向运球，运三五步后，拿起球再换另一侧运球，X组队员做横滑步防守，做到另一侧边线后，两人攻守交换。

2. 侧后滑步变堵截步变后撤步

O组队员向侧前方运球，然后拿手再向另一侧前方运球，X组队员运用侧后滑步、堵截步、后撤步、防O组队员运球，移动到另一边线后两人交换。

目标：提高滑步时移动的速度。

条件：

1. 滑步移动要快，变化要快，重心上下不要起伏。

2. 不要抢球、打球，注意力集中在滑步移动速度上。

六、半场一对一防运球训练一

训练安排：两人一组，用一个球，一人运球一人防守。从端线开始到中线后，攻守交换再做回端线。先慢后快，做曲线运球。每半场安排3组，两个半场同时进行训练。

目标：掌握防运球的方法，提高防运球的能力。慢运球时，主要是协助防守队员掌握防运球的方法，快运球和变速变向运球主要是提高防运球的能力。

条件：

1. 防守队员要大胆靠近运球队员，其离运球队员的距离不得超过一臂，用滑跳碎步不断地调整防守距离和防守位置，使球在自己两腿之间，而且一只手始终对着球，这样可以随时抢球、打掉对方手中的球，并控制其速度。

2. 不准用手打球、抢球。

3. 主动运用堵截步迫使对方运球变向，变换步法要快要及时。

七、半场一对一防运球训练二

训练安排：两人一组，用一个球。全队分若干组，分别在端线和中线站两排，端线队员每人持一球，训练第一组的队员分别站在篮下和弧顶上。防守队员a把球传给教练，教练将球传给弧顶的进攻队员A，而a力争在A接到球时防守到位，A接球后可做瞄篮、突破等假动作，之后运球，a紧逼其运球，迫使其运向场角。然后攻守交换位置排各自队尾。为加大训练密度可同时在两个篮训练。

目标：提高防守到位和防运球突破的能力。

条件：

1. a不得提前移动去防A，在A传球出手后方可移动，但必须做到"球到人到"。

2. 对方做投篮、突破动作时要积极防守，防运球时，脚步移动总保持在运球方向前面半步，这样可以控制其速度并且迫使其向边角运球。

八、全场一对一的训练

训练安排：全队分两大组，两人一组，一人进攻一人防守。从一端线到另一端线，最后一组做完后，攻守交换，再做回。两大组从篮的两侧同时进行训练，按下列训练方法的顺序进行。

1. 为了提高脚步移动的速度和灵活性。进攻队员做折线跑，其速度不要太快，但变向要突然。

2. 全场一对一。防守队员处于正常的防守姿势，紧逼进攻队员，不让进攻队员超越自己。如果超越的话，防守队员要全力追防，这时进攻队员再重新做摆脱。

3. 全场一防一运球。进攻认员大约用3/4的速度做变向运球，防守队员运用各种滑步阻挡运球，但不许抢、打球。

4. 全场一防一运球。进攻队员全力做运球摆脱超越，防守队员全力防守，一旦有机会可以抢、打对方的球。

如果四种方法在一次课同时训练时，每种方法做2～3往返即可。

目标：掌握全场一对一时各种防守步法并提高其移动速度和防守能力。

条件：在各个方法中提出，不再重复。

第二节　防有球队员

一、一对一原地抢、打球的训练

训练安排：进攻队员持球，防守队员寻找机会做抢球、打球，进攻队员可以原地做跨步、转身的动作。做若干次后，两人攻守交换。

目标：掌握抢、打球的方法和技巧。

条件：

1. 采用平步防守的步法。

2. 抢、打球时，下手要快，动作急促有力。但不要失去重心，不要失去防守位置。

二、原地防投、突结合的训练

训练安排：两人一组，全队分若干组在两个篮同时训练。进攻队员原地持球做投、突结合的动作，但不投篮；防守队员做防投、防突的动作。训练30秒左右两人攻守交换。

目标：

1. 掌握防投防突及防投突结合的方法。

2. 提高防守队员防投、防突的脚步灵活性和防守能力。

条件：

1. 紧逼持球队员时采用平步的步法。

2. 防守队员始终有一只手干扰球，瞅准机会，就下手抢、打球。

3. 注意识别对方的真、假动作，控制好自己的重心。

三、平步防持球队员及防其运球的训练

训练安排：两人一组，一人持球一人防守，防守队员平步紧逼持球队员，一只手罩着球，干扰对方传球、投篮，另一只手配合。当进攻队员向左、右方向运球时，防守队员运用横滑步快速堵防，并主动运用堵截步迫使对方停球，防2～3个来回后，攻守交换。每个篮安排三组。

目标：掌握平步紧逼持球队员的方法。

条件：

1. 大胆地贴近进攻队员，给对方以压力。

2. 横滑步时，注意合理地运用身体防守，加大身体防守的横断面积，并注意用上"内劲"与对方对抗。

四、连续滑步防运球的训练

训练安排：开始时a防B向45°角运球，当B把球传给弧顶的C时，a立即跑上紧逼C，并防C向另一侧的45°角运球。按上述方法a防到E后，轮换变为运球队员，B按a的方法防守一轮。依此每次可每人防守若干轮。全队分两大组，分别在两个半场训练。

目标：

1. 掌握侧滑步防运球的方法。

2. 提高连续侧滑步的速度和耐力。

条件：

1. 始终控制运球队员不让其超越。

2. 从防一个队员到防另一个队员要快速到位，力争做到"球到人到"。

3. 在累的情况下，不许减慢滑步的速度，培养自己顽强的意志品质。

五、抢位与防底线突破的训练

训练安排：四人一组一个球，A为前锋，B为后卫，C站在内中锋位。开始时，a持球并将球传给A后，立即迎上去紧逼防守，防A投篮、传球、突破的假动作；当A把球传给B时，a立即跑到B面前防守，B做传、投、突假动作后，再把球传给C，a立即移到向前面夹防C并伺机掏打C手中的球，C再把球传给A，a防A……防两圈后，球又到A手中，A从底线快速运球突破，a积极防A底线突破。之后轮换。a与其中的一个进攻队员轮换即可，四人轮流做防守。

目标：

1. 提高防守队员防守到位的能力，以及防持球队员投、传、突的技术。

2. 提高防底线突破的能力。

条件：

1. 快速移防到位，做到"球到人到"。

2. 到位后采用平步紧逼的防守步法。

3. 把防投、防传、防突结合起来。

六、原地"盖帽"的训练

训练安排：两人一组，用一个球。全队分若干组在两个球篮训练。进攻队员在原地投篮；或向左、右侧运一次球做急停跳投，防守队员跳起"盖帽"，做3～5次后，两人交换。

目标：掌握盖帽时起跳的时机和盖帽的技巧。

条件：

1. 开始训练时，投篮队员出手动作慢一些，让防守队员体会盖帽的动作，然后加快投篮出手速度，并把投、突结合起来，以加大盖帽的难度。

2. 防守队员要判断好对方出手的时间，及时起跳，肢体伸展"盖帽"动作突然。

七、对上篮队员"盖帽"的训练

训练安排：全队分两组，一组为进攻队员，每人持一球站在三分线外侧面的位置，另一组为防守跃员，站在罚球线附近。训练时，进攻队员A运球上篮，防守队员a跑向篮的位置跳起把A的球按在篮板上或盖掉。然后两人攻守交换位置，排队尾。

目标：掌控行进间"盖帽"时起跳的时机和方法。

条件：

1. 开始训练时，上篮队员球出手速度慢些，协助防守队员体会"盖帽"的动作。然后可变成正常的上篮，使防守队员掌握好可跳的时机和"盖帽"的方法。

2. 攻、守队员起跳时要互相照应，以免相撞或受伤。

八、打掉运球队员球的训练

训练安排：两人一组，用一个球，全队分若干组。从篮的两侧同时向对侧进行训练。一人运球一人防守。到另侧端线返回时，两人交换。按下列训练打球。

1. 进攻队员在身前运球时，防守队员突然打球。

2. 进攻队员运球变向过人时，防守队员后撤步时打球。如果从防守队员左侧变向过人，则防守队员撤左脚同时上左手打球；如果从防守队员右侧变向过人，则撤右脚同时右手打球。

3.进攻队员在体侧运球时，防守队员突然用绕步打球。

目标：掌握各种打球的方法和步法。

条件：

1.判断要准确，动作要果断，眼疾手快、脚快。

2.注意打球时不要犯规。

九、抢断球的训练

训练安排：A和B面向球篮准备接教练的球，其他队员每人一球站在端线外。训练时，a把球传给教练后，站在限制区中央防守，在教练把球传给A或B时，a跳起断球，然后快速向对侧运球上篮，上篮后排队尾……依此连续训练。为加大进攻难度，另一侧弧顶可设一防守人，进攻后做防守，防守后排队尾。

目标：提高断球时的判断能力，掌握断球技术，并提高断球后反击的意识。

条件：在教练未传球前，防守队员不得离开防守位置，待A传球后要快速起动起跳。断球时，肢体要伸展，断球后马上反击。教练可向任一侧传球。

十、向侧后和侧前起跳断球的训练

训练安排：全队分两大组，分别站在两侧罚球线附近，每人持一球，教练Ⅰ和Ⅱ分别站在两侧弧顶以上。训练时，a把球传给教练Ⅰ后，原地做防守，然后快速助跑起跳断教练Ⅰ的传球，断球后向另一侧快速运球上篮。之后排另一侧队尾。

目标：掌握向不同方向起跳断球的方法和断球后反击的意识。

条件：断球时，要判断准，起跳快，动作伸展。

十一、鱼跃断球的训练

训练安排：训练时，a把球传给教练Ⅰ，当教练Ⅰ把球传给Ⅱ时，a应向教练Ⅱ的位置移动防守，教练Ⅱ与Ⅰ互相传球，a和b注意协防，待教练Ⅱ回传给

Ⅰ，a瞄准机会，采用鱼跃跳起的方式把球向自己的前场打去，而b快速抢球，然后两人反击上篮，两人一组一个球……依此连续训练。

目标：

1. 掌握鱼跃断球的方法和两人配合的方法。

2. 培养队员勇敢的精神。

条件：

1. 此断球的难度大，所以要求队员要勇敢不怕摔。

2. 为协助断球，教练Ⅱ回传球时最好传击地球或传低球。

十二、断传内中锋的高吊球

训练安排：C和c固定在内中锋位置上，一人进攻一人防守，c绕前防守。其他内线队员分两组，一组站在a的位置上，另一组站在A的位置。训练时，教练与A传球，c根据球的位置在C身前防守，当教练给C传高吊球时，a立即起动跃起断球，然后与A换位。

目标：掌握断高吊球的方法和断球时起跳的时机。

条件：C在内中锋位置上做要位接球的动作，当A传高吊球时要后撤高扬手臂并用后背紧贴C。a起跳要及时，断球要果断。

十三、补防训练

训练安排：三人一组用一个球，一人进攻二人防守。训练时进攻队员A和防守队员a从篮下运球开始，补防队员b站在弧顶与中线中间的位置。当A把球传给B时，A快速突破a的防守，在a追防的同时，a及时上去补防，不让A运球超越中线。三人轮流做补防。

目标：掌握补防的方法，提高补防的意识。

条件：

1. a防守时应"堵中放边"，并有意造成A运球超越的局面，为b补防创造条件。

2. b补防要及时，抢位要快，迫使A停球或向边角运球，或使A在规定的时间内运球未过中线。

3. 补防时，b不要轻易下手抢、打球，以免被对方超越或自己犯规。

十四、半场一对一的训练一

训练安排：两人一组，用一个球，一人进攻一人防守。进攻者可原地投篮，可带球突破上篮，可急停跳投，防守者根据其进攻采用针对式防守，防守成功后，两人攻守交换。每个篮安排3组同时训练。

目标：提高个人对持球队员的防守能力。

条件：

1. 平步紧逼持球队员。

2. 瞅准机会，果断下手抢、打对方手中的球，但抢、打球时不要失去重心，注意避免犯规。

3. 对方投篮时，要挡人抢篮板球。

十五、半场一对一的训练二

训练安排：全队分两组，弧顶一组队员A持球进攻，篮下一组队员a防守。训练时，在端线向弧顶队员A传地滚球。然后a快速跑上去防守，当接近A时，应采用碎步，以调整与A的距离，保持正确的防守姿势。如果A运球，a应迫使其向两侧运球并迫使其停球成"死球"；如果A急停跳投或上篮，a应积极封盖干扰其投篮的准确性。直至a抢到篮板球或被对方投中后，两人攻守交换，排队尾。为加大训练密度，可同时在两个篮或几个投篮训练。

目标：提高防守到位的能力和防投、运突的能力。

条件：

1. 接近持球队员时采用平步防守的步法并保持正确的防守姿势。

2. 防守时脚步移动要快，步法变化要灵活、及时，瞅准机会抢、打对方手中的球。

十六、半场一对一的训练三

训练安排：防守队员a站在罚球线上将球传给站在三分线外的进攻队员B后，立即上去紧逼B，阻止B投篮或突破。如果B投篮，a积极封盖后马上挡人抢篮板球，直至抢到手中，然后a按上述方法继续防C和D……防完一轮为止，与下一个队员轮换。每次训练每人轮换做防守若干次。

目标：

1.提高队员防守到位的能力。

2.提高队员防投、防突、防急停跳投的能力。

3.提高队员挡人抢篮板球的意识。

条件：

1.平步紧逼持球队员，根据对方的动作，及时变换防守姿势。

2.注意合理运用手臂和身体防守。

十七、半场一对一的训练四

训练安排：两人一组，用一个球，一人运球突破，一人防守。从中线开始。进攻队员可突破上篮也可急停跳投，防守队员全力防守，抢到防守篮板球或对方投中后，攻守交换。

目标：提高个人防运球、防突破上篮和防急停跳投的综合能力。

条件：

1.注意观察进攻队员的意图，注意发现对方的弱点，及时采取防守措施制约对方。

2.不要随便抢、打对方的球，但在对方不保护球时，要果断抢、打球。

3.对方投篮时，要挡人抢篮板球。

十八、一对一防运球的训练

训练安排：在中线的a把球传给A后，紧逼A运球，迫使A向中间地带运球，其目的是为另一后卫的协防或夹防创造条件。不让进攻队员走边路而让其走中路则为防守成功。两人一组，用一个球，全队分若干组，两组同时从中线向两个篮进行攻防训练。

目标：提高防守队员在中场防守时，迫使运球队员走中间的意识和技术。

条件：防守时，身体应偏向靠近边线的一侧，不让对方从边线突破。

十九、防运球推进的训练

训练安排：a和b把球传给A和B后，立即上去紧逼，阻止其运球推进，力争让其运球推进过中线的时间超过规则规定的时间。到中线后攻守交换，各自排队尾。两人一组，用一个球，全队分若干组。从端线两侧两组同时进行训练。

目标：阻止运球队员加速运球推进的速度，迫使运球队员超过规定过中线的时间。

条件：

1. 紧逼运球队员，积极主动卡堵其运球突破的路线，尽量让对方停球或成"死球"。

2. 一般情况下不要抢、打对方的球，但在对方不保护球时，要果断下手抢、打球。

二十、一对一防接球和投突的训练

训练安排：两人一组，用一个球，落在前锋或后卫位置上。进攻队员A把球传给教练后做摆脱，第一次摆脱时，教练不要给他传球，多让攻、守队员做几次摆脱与防摆脱后，再把球传给进攻队员，这时防守队员要防接球，当对方接到球时，应防投篮、防突破，直至挡人抢篮板球，两人攻守交换排队尾。分两大组，在两个篮训练。

目标：提高防接球和防投篮、防突破的综合防守能力。

条件：

1. 防接球时，用靠近持球人的那条腿在前的防守方法，同样同侧手臂扬起干扰传、接球。

2. 不让进攻队员在自己习惯的位置和习惯的投篮距离接到球，根据对方的特点，有重点地防守。

3. 对方接到球时，应采用平步紧逼的防守方法。

二十一、全场徒手一对一攻防

训练安排：两人一组，一人进攻一人防守。全队分若干组，从端线开始到另一端线，然后两人交换从另一侧做回。前一组到中线时，下一组开始训练。

目标：

1. 掌握各种防守步法及其综合运用的能力。

2. 提高各种防守步法的快速变换能力和变换的灵活性。

条件：

1. 进攻队员先在慢速或中速中摆脱，协助防守队员掌控各种防守的方法和步法，待熟练后，进攻队员应在快速中做各种摆脱超越，以便提高防守队员的防守能力。

2. 防守队员要紧逼进攻队员，并及时地变换防守步法不使对方摆脱。

3. 一旦摆脱，防守队员要快速追防。这时进攻队员在对方全力追防时停下，重新做摆脱。

二十二、全场一对一防运球

训练安排：两人一组，用一个球，全队分若干组。从端线开始，一人运球，一人防运球。到另一端线后，攻守交换，从另一侧做回。

目标：

1. 提高全场防运球和防运球突破的能力。

2. 提高各种防守步法快速变换的能力和综合运用的能力。

条件：

1. 进攻队员全力运球超越，防守队员全力防守，一旦对方突破，全力追防。

2. 防守队员不准随便抢球、打球、掏球，但在对方不注意保护球时，要瞄准时机，快速抢、打球。

3. 要堵中放边。主动运用堵截步防其突破，并迫使对方在边角停球或成死球，以便夹击。

二十三、抢球后的攻守训练

训练安排：全队队员分两大组，每组队员都有一个编号，指定每组进攻一个篮。训练时，教练把球在中圈抛起或放在原地，同时叫号，唤到那个号，两组的两个同一编号的队员快速起动抢球，抢到球的队员向指定的篮球运球进攻，而未抢到球的队员立即紧逼运球队员。教练无规律地把每个编号叫过两三次后，训练结束。

目标：

1. 提高队员的反应能力，以及起动和抢球的技术。

2. 提高队员防运球突破的能力。

3. 培养队员的顽强精神。

条件：注意力集中，起动要快。

二十四、全场一防二防有球队员的训练

训练安排：三人一组，用一个球，两人进攻一人防守，全队分若干组站在端线外。训练时，第一组A和B进攻，a防守。A和B可运用传球和运球推进，而防守队员在对方运球时，要积极堵截，迫使对方传球，防守队员力争抢断对方的球，进攻队员力争上篮，一个往返后替换防守队员。上一组过中线后，下一组开始训练。

目标：加大防守的难度，提高队员全场一防二的能力。

条件：

1. 进攻队员两人的距离不可太大，一般保持5米左右为宜，每次接球后必须做运球后方可传球，以便协助防守队员防守到位，达到提高防守的目的。

2. 防守队员移动要积极，防守到位，力争"球到人到"。

3. 主动运用假动作，造成对方失误。

二十五、抢位防突破投篮的训练

训练安排：两人一组，用一个球。全队分若干组站在限制区两侧。训练

时，A把球传给教练后，A和a准备起动，当教练把球向前传给进攻队员的同时喊"跑"，听到信号的A和a立即起动，a抢位堵截并防守A运球进攻，A接到球应快速运球上篮或急停跳投，抢篮板球后两人交换位置。

目标：

1.提高防守队员快速起动和追防的能力。

2.掌握在快速追防中抢位防守的技术，以及提高防突破防投篮的能力。

条件：

1.防守队员力争抢先卡堵运球队员的移动路线和位置，力争造成进攻队员撞人犯规。

2.投篮时，要挡人抢篮板球。

二十六、二对二防运球掩护或防掩护后运球的训练

训练安排：两人进攻两人防守，进攻队员可采用以下的方法做运球掩护或掩护后运球，防守队员防掩护，防守成功3～5次后轮换。

目标：

1.掌握防掩护的方法。

2.提高防掩护时两人配合的默契程度。

条件：

1.不管对方运用何种掩护，首先是挤过，当挤过不成时，提前打招呼，告诉同伴绕、换、穿或者假换，两人要有呼有应。

2.注意对方掩护后打二次进攻。

二十七、半场三对三的训练

训练安排：六人一组，三人进攻三人防守。一组中攻守队员最好是中锋、前锋、后卫各个位置上的队员都有，在半场三对三。抢断3个球，攻守交换。

目标：提高队员综合的防守能力。

条件：

1.对持球队员采用平步紧逼的防守方法，对不持球队员采用错位的

"球—我—他"的防守位置，防其接球、空切、掩护，还要注意协防和补防。

2. 对无球中锋除上述要求外还要注意侧防、绕前防和绕后防。

3. 要挡人抢篮板球。

二十八、三防二阻止对方过中线的训练

训练安排：三人一组，全队分若干组。训练时，三攻三守从掷端线界外球开始。防守组a放弃对掷界外球队员A的防守，准备与其他两个防守队员夹防。当球进场后，A不参与推进即变成三防二。a始终与防有球的队员形成二夹一的防守，并伺机抢断球，或使进攻组推进球过中线的时间超过规定的时间。如果防守组抢断球成功应立即反击，而原进攻组则快速转入防守。

位置轮换：一个回合后，防守组下场，原进攻组变防守组，新上来的组为进攻组。或者要求防守组必须防守成功若干次后，再按上述方法轮换。

目标：

1. 与进攻队在后场展开争夺球权。

2. 阻止进攻队的推进速度，造成对方违例。

3. 提高夹防、补防的意识和技术。

条件：

1. 紧逼自己的防守人，不让其随便接、传、运球，更不能轻易漏防或让对方超越自己。

2. 当对方运球时，应"堵中放边"，以便与同伴夹防。

3. 处于补防、夹防位置的队员，要主动积极、快速地移动，以便与同伴形成夹防或及时补防。

4. 防守中要积极抢断球。

5. 防守时，要积极，保持拼搏的精神。

第三节　防无球队员

一、防后卫队员纵切的训练

训练安排：两人一组，用一个球。训练时，进攻队员A把球传给落在前锋位置上的a后，摆脱纵切，防守A的队员a站在A纵切的路线上，积极卡堵A向篮下纵切的路线。a防守后，两人攻守交换排队尾。

目标：掌握防纵切的技术和方法，提高防纵切的能力。

条件：

1.防守队员始终保持"球—我—他"的防守位置。

2.当A处于无球状态时不要离A太近，以免对方突然起动摆脱空切。

3.防守纵切时，靠近球一侧的手臂要扬起，始终干扰对方传、接球。

二、防后卫队员利用外中锋策应掩护空切的训练

训练安排：B为外中锋策应队员。教练站在前锋位置上。其他队员两人一组，一个球员在与教练同侧的后卫位置上。当进攻后卫A将球传给教练时，防守队员a除积极防A接回传球外，更重要的是防其纵切，当A利用B的策应掩护空切时，a及时地从B的右侧绕过再防A。然后a与A攻守交换排队尾。

目标：掌握防后卫利用外中锋掩护空切的方法，并提高其防守能力。

条件：同上一训练。只是在A利用B掩护时，a应跟防到B前面，然后突然从B右侧绕过继续防A。

三、防前锋队员横切的训练

训练安排：球在后卫队员B手中，a防前锋队员A横切时，迫使A从自己的身后穿过限制区。防进攻队员从自己身后穿过限制区时有以下几种跟防步法。

1.背向球，面向对方，高举双手，贴紧对方，封阻对方传、接球，这种

方法虽然暂时看不到球，但由于面向对手，使他很难摆脱防守而接球。

2. 在对方横穿篮下溜底线时，防守队员要用后转身面向球，背向人，并用手触摸着对手，贴紧并跟随移动，当对方出限制区后，立即前转身，面向对方采用内侧脚在前的防守方法。这种方法也可以达到防接球的目的。

3. 当对手采用折线横切时，防守队员要始终保持"球—我—他"的防守位置，卡堵对手近球一侧的移动路线。

目标：掌握防横切的各种方法，并提高防守能力。

条件：绝对不允许进攻队员从防守队员前面横切，始终保持"球—我—他"的防守位置。

四、防内中锋横切的训练

训练方法、目标和条件同防前锋横切的方法一样，只是中锋移动距离短，攻守要位对抗激烈，所以防守时，应注意合理地运用身体的力量。

五、防内中锋上插策应的训练

训练安排：B在弧顶外持球，当内中锋A上插策应要位时，防守队员a的左脚在前，积极移动卡堵A移动路线，另一脚在进攻队员脚的后面，防止对方反切，左手臂扬起，干扰对方传、接球。之后两人攻守交换。内线组抢换训练。

目标：掌握防内中锋上插策应的方法，并提高其防守能力。

条件：始终保持好防守位置，这就要求两脚不停地运用攻击步和滑跳碎步控制对方移动。

六、防内线队员在内、外中锋位置上穿插移动的训练

训练安排：

内中锋A从一侧内中锋位置向另一侧内中锋位置上横切，然后向外中锋位置上插。B与C在后卫位置和前锋位置传球。a防守横切时，一个是让A从自己背后走，一个是始终用左脚在A的前面，卡堵其横切路线，并且左手臂扬起干扰对方传接球，待A移动到有球侧时，a应绕到A身前紧贴住A，然后在A落在

另一侧内中锋位置时，a后撤左腿变为内侧脚在前的体侧防守。待A上插时，按前边讲的防上插的方法防守。

内中锋A向外中锋位置上插要位，然后向另一侧下顺要位。B和C传球。a防其上插时用上述介绍的方法，而防其下顺时则采用靠近球一侧脚在前卡堵其下顺的移动路线，并同侧手臂扬起，干扰对方传、接球。待A下顺到内中锋位置时，马上绕到A前面防守。

目标：掌握防守内线队员上、下、左、右移动要位的方法，并提高防守能力。

条件：

1. 始终保持"球—我—他"的防守位置，并扬手干扰对方传接球。

2. 防守队员始终处于"动态"，即运用滑跳碎步、攻击步、横滑步、绕步等步法调整防守位置，卡堵其移动路线。

3.攻守抢位对抗激烈，防守队员应注意合理地运用身体的力量与对方对抗。

七、防内中锋队员连续横切的训练

训练安排：队员B与C各持一球。A在内中锋位置上进攻，并在左、右内中锋位置连续移动要位，防守队员a积极卡堵其移动路线，不让A在限制区内接球，

目标：提高防内中锋接球和横切的能力。

条件：

1. 始终保持"球—我—他"的防守位置，后背要紧贴进攻队员，不给其跳起接球的机会，合理地运用手臂防守，干扰对方传接球。

2. 攻守要位对抗激烈，不要怕碰撞，并注意合理地运用身体力量与对方对抗。

八、外线队员半场一对一防摆脱接球

训练安排：进攻队员把球传给教练后，做摆脱，而防守队员a积极防守，尽量不让进攻队员在45°地区接到球。当A接到球时，把球再传给教练，重新

训练，a防半分钟后休息，A变成防守队员，再上来一个队员做进攻。

目标：提高外线队员防摆脱接球的能力。

条件：

1. 防守队员采用靠近球一侧的脚在前的防守步法，同侧手臂扬起干扰传、接球。

2. 滑步要积极，各种步法变换要及时、快速。

3. 尽量不让对方在自己习惯的位置上和攻击点上接到球。如果对方接到球，应迫使对方失去重心，或侧对篮，或远离自己习惯的位置和攻击点。

九、防前锋队员接球和溜底线的训练

训练安排：两人一组，用一个球，一人进攻一人防守。前锋进攻队员A把球传给教练后，做摆脱，防守队员a积极防守，不让A在自己的攻击点上接到球，当教练Ⅰ把球传给教练Ⅱ时，A溜底线到另一侧，a及时移动防A溜底线。当教练Ⅱ把球传给教练Ⅰ，A再从底线溜回来，a防守。防两个来回后，休息换另一组训练。

目标：掌握防前锋队员摆脱接球溜底线的方法，并提高其防守能力。

条件：把防原地摆脱接球和溜底线结合起来。其他同前一个训练。

十、半场一对一从防有球到无球、从防无球到有球的训练

训练安排：两人一组，用一个球，一人进攻一人防守，从中线开始。进攻队员A原地运球，a防守，A在运球中将球传给教练Ⅰ或Ⅱ后做摆脱，接球或空切，a防守，不让A在自己的投篮区接球，更不允许A空切到篮下接球。如果球在教练Ⅰ手中，而教练Ⅰ把球传给教练Ⅱ，a则立即调整防守位置，继续防A接球或空切；如果A在外线接到球，a则防其投篮或突破，直至抢到篮板球或抢断球后这组训练结束。两人攻守交换排队尾，下一组训练。

目标：提高队员防从有球到无球、从防无球到有球的防守能力。

条件：

1. 无论进攻队员有球还是无球，防守队员都要注意自己的选位，并时刻

注意正确的防守姿势。

2.整个防守过程中，注意各种防守步法的灵活运用。

十一、防守不持球队员的训练

训练安排：a对A～D队员进行防守后，再换另一个队员进行同样的防守训练。当教练传球给C时，A可以从底线或45°横切，a根据A的移动做出正确的防守，不让A接球，如果C不传给A球，而自己跳投，a则要把A挡在身后，然后抢篮板球。如果C传给A球，a与A就一对一比赛。当a抢到球后，防守A的任务就告终，然后按上述方法再防B、C、D。训练每人防守若干次。

目标：掌握防不同位置和球在不同区域时的防守方法，并提高防守能力。

条件：

1.根据球的位置，选择合理的防守位置。

2.积极卡堵进攻队员的移动接球路线，不让其在限制区和自己习惯攻击的区域内接到球。

3.当对方接到球时，应很快变为对有球人员的紧逼防守。

十二、防掩护的训练一

训练安排：两人一组，一人进攻一人防守。全队分若干组。训练时，教练Ⅰ和Ⅱ站在三分线上。A跑到教练Ⅰ身旁利用其定位掩护，a在教练Ⅰ即将掩护时，突然从A和教练Ⅰ中间挤过，继续防A，之后A再利用教练Ⅱ掩护时，以同样的方法挤过继续防守A。a也可以改成从教练Ⅱ身后绕过的方法继续防守A。做一个来回后，攻守交换。

目标：掌握挤过或绕过防守的方法。

条件：挤过时抢步要及时，动作要快，绕过时要紧贴掩护人，不要绕大圈。

十三、防掩护的训练二

训练安排：五人一组，一人传球，其他四人两攻两守，进攻人连续掩护，防守队员把挤过、绕过、换人综合起来运用。防守队员防成功5次，攻守交换。每半场左、右两侧可安排两组同时训练。

目标：

1. 掌握破坏掩护的方法。

2. 提高队员间防守配合的默契程度。

条件：

1. 进攻队员可做各种掩护，以提高防守队员防各种掩护的能力。

2. 防守队员在防守中要有呼有应，以增加防守的默契。

十四、半场二防二防接球与协防的训练

训练安排：半场二防二，教练做传球，进攻队员尽力做摆脱接球，防守队员积极防接球。当教练把球传给任何一个进攻队员时，防守他的队员立即平步紧逼持球队员，另一队员则错位协防，进攻队员接5次球，攻守交换。

目标：

1. 提高防摆脱、防接球的能力。

2. 提高协防和协防选位的意识。

条件：

1. 采用内侧脚在前或离球近的一侧脚在前的防守步法，注意手臂干扰传、接球。

2. 两脚始终处于动态防守，并及时卡堵进攻队员摆脱接球的移动路线。

3. 协防选位要及时、正确。

十五、二对二防掩护的训练

训练安排：四人一组，二攻二防，教练持球。防守若干次后，攻守交换。

目标：

1. 掌握破坏掩护的方法。

2. 提高两人在防守掩护时的默契配合程度。

条件：

1. 两脚始终处于动态防守，注意观察对手的进攻意图，及时抢占有利的

防守位置。

2. 采用什么方法破坏掩护，两人要提前打招呼，要有呼有应。

十六、防进攻队员底线行进间掩护的壕习

训练安排：四人一组，两人进攻二人防守。落位在两侧前锋位置上A传球给教练后溜底线，B也溜底线，因球在左侧，则A给B在底线做行进间掩护。如果b能挤过去最好，如果判断不能挤过，则立即喊"换人"，a和b快速换人防守。a和b连续防守2~3个往返后，防守组下，进攻组变为防守组，再上来一组做进攻。

目标：掌握破坏底线行进间掩护的方法。

条件：防守时始终处于动态，及时卡堵对方的移动路线。对方掩护时能挤过去则不用换人，换人前要提前呼喊"换人"。换人时，防守队员都应把手臂高举，干扰对方传、接球。

十七、全场一对一防摆脱接球的训练

训练安排：两人一组，一人进攻一人防守。全队分若干组站在端线外，每组一球。训练时，进攻队员A把球传给教练后做徒手摆脱，a积极防守不给A接球的机会，并且始终保持"球—我—他"的有利防守位置，同时控制A突然加速反跑空切。各组依此连续训练。

目标：在全场范围内，掌握防摆脱接球的方法，并提高其防守能力，以及脚步移动的灵活性和移动速度。

条件：

1. 防守队员始终保持"球—我—他"的有利防守位置，不让进攻队员接到球，并注意防对方突然反切。

2. 注意各种防守步法的合理运用，注意用手臂干扰传、接球。

十八、全场一防二训练一

训练安排：a和b分别在后半场和前半场防守。教练Ⅰ和Ⅱ分别站在两侧

端线外。训练时，教练Ⅰ把球传给进攻队员A或B时，两人快速传球向前场推进，a积极防守，力争抢断球，不让对方通过中场。然后由b在后场一防二，力争抢断球或造成对方违例或进攻不成功。a和b为固定防守，其他队员两人一组一个球进攻，防守队员一旦抢断球或造成进攻失误，攻、守交换，谁失误谁防守，谁防守成功谁进攻。最后一组到另一端线后，再按原方法做回。

目标：提高队员在半场范围内一防二的能力。

条件：

1. 防守队员脚步移动要快，主动运用假动作造成抢、断球机会或造成对方失误。

2. 进攻队员多传球，尽量不要运球，防守队员向左、右方向来回移动，提高脚步移动的灵活性。

十九、全场一防二训练二

训练安排：教练Ⅰ和Ⅱ站在端线外掷界外球。A和B进攻，a防守。进攻队员接球后，运用传切和快速运球推进的方法进攻，a防守，力争抢断球或造成对方失误。3人一组一个球，轮流在中间做防守或防守成功后变为进攻，谁失误谁防守。最后一组做完后从另一侧再做回。

目标：提高队员在全场范围内一防二的防守能力。

条件：

1. 进攻队员接球后先运球，待防守队员上来防守时方可传球，但两进攻队员间距离保持在5米左右。

2. 防守队员应主动运用假动作，造成对方失误或抢断球的机会。

二十、全场追防训练

训练安排：A为固定进攻人，其他队员分两组分别在前锋位置上站两排，每人持一球。训练时，A从篮下把球传给教练时，立即起动追防跑到A面前防守，然后A将球传给B，A再追防到面前防守，B传球给C，C从底线突破，这时A追防到C面前，并积极卡堵其底线突破，之后，A排在原成的队尾，而C变为防守队员。B从另一篮下与A按相同的方法同时训练。上一个队员防底线突破时，下一个队员开始训练。

目标：

1. 提高队员起动和追防的速度，以及各种防守步法及时变换的灵活性。

2. 提高追防中正确选位和及时防守到位的能力。

条件：

1. 要求进攻队员待防守队员到位后再传球。进攻队员待防守队员到位后可立即传球，以提高防守队员连续追防的能力，也可做投篮，或做突破的假动作后再传球，以提高防守队员追防后防投防突的能力。

2. 防守到位后，要平步紧逼持球队员。

3. 防底线突破时，要合理运用身体阻挡。

二十一、半场三对三防无球队员的训练

训练安排：半场三对三，进攻队员接球后除做投、突假动作外，只许传球，无球队员可以掩护。防守队员抢断三个球，攻守交换。

目标：掌握防无球队员的方法，提高防无球队员的意识和能力。

条件：按以下几条防守原则进行防守。

1. 按"球—我—他"的原则选择防守位置。

2. 强侧（离球近的一侧）紧追接球队员。

3. 弱侧注意协防初防空切。

4. 防传切。

5. 防底线和两侧的空切。

6. 外围队员注意回缩保护内线。

7. 防中锋队员时注意侧防和绕前防守。

8. 防兼应队员掩护时的空切。

9. 破坏掩护。

10. 挡人冲抢篮板球。

二十二、全场一对一从有球到无球、从无球到有球的训练

训练安排：两人一组，用一个球，一人进攻一人防守，教练Ⅰ和Ⅱ传球。从端线开始，进攻队员A运球，a防守，A在运球中将球传给教练Ⅰ后摆脱空切，接教练Ⅰ的球（如果教练Ⅰ有机会传给A则传，否则可直接将球传给教练Ⅱ），这时a迅速调整防守位置，A再摆脱或空切接教练Ⅱ的球进攻，直至a抢断球或抢到篮板球或A投中结束。下一组待上一组过中线后再开始训练，一个往返后攻守交换。

目标：提高队员从有球到无球、从球到有球的防守能力。

条件：

1. 当进攻队员运球时，防守队员以防对方运球突破为主，并注意控制其运球速度，当对方传球后，应以防其空切为主。

2. 根据球和球篮的位置、距离，防守队员要随时调整自己的防守位置，保持"球—我—他"的位置。

3. 进入投篮区，马上就要注意防投篮，并注意挡人抢篮板球。

第四节　由攻转守的攻守转化

一、上篮后的追防训练

训练安排：全队分两大组，分别站在两个篮的端线外。训练开始时，A和a落在前场的前锋位置上，A接B的长传球上篮，上篮后立即转入防守，追防a，而A上篮后，b快速跟随抢篮板球，然后长传给快下的a上篮。依此连续进行。

位置轮换：A上篮后，快速追防a，之后站在O组的队尾。B长传球后，则站在原来A的前锋位置上，准备接长传球上篮。a上篮后，立即防守O组的快下队员。b长传球后，则站在原来a的前锋位置上，准备接球上篮。可用两个球，同时从两边进行训练。

目标：提高进攻后马上转化防守的意识和速度，以及追防的速度。同

时，也提高队员快速反击的意识。

条件：

1. 上篮队员一定要把篮投中。

2. 传球队员从上篮队员的后边跟随抢篮板球，这样不影响上篮队员。

3. 快下队员必须在同伴抢到篮板球后方可快下。

二、全场一对一后攻转守的训练

训练安排：全队分两大组，分别站在两端线外。开始时，各组先由两名队员在中线进攻和防守，如A运球上篮或急停跳投，a防守，如果A抢到篮板球可继续进攻，直至投中。如果a抢到篮板球或A投中，a快速发端线球给b，A立即全场防守b直至抢到篮板球或对方投中，然后A快速发端线球给O组的队员，并站到O组队尾。依此连续训练。用两个球，A、a和B、b同时开始训练。

目标：

1. 提高队员全场一防一的能力。

2. 提高队员由攻转守的意识和快速反击的意识。

条件：

1. 进攻后，立即转入防守，首先要找人抢位，并积极卡堵对方运球突破。

2. 如果上一组队员在篮下攻守，后一组队员则注意在中场一带做原地一对一运球调整，待篮下无人时，再推进攻守。

3. 投篮不中时，双方都要拼抢篮板球。

三、全场一对一及攻守转化的训练

训练安排：两人一组，一个球，全队分若干组站在端线外。开始时，第一组A和a把球传给教练。教练投篮，A和a拼抢篮板球，谁抢到篮板球谁进攻，另一人防守，向对侧做全场一对一训练。进攻队员上篮或投篮后，防守队员立即拼抢篮板球，抢到篮板球或对方投中后，立即由守转攻，进攻队员则快速由攻转守，从另一侧一对一攻守。之后排至队尾。前一组过中线后，下一组开始训练。

目标：

1. 提高攻守转化的意识。

2. 提高全场一对一的能力。

条件：

1. 积极拼抢篮板球，争夺球权。

2. 防运球时，不要随便抢、掏、打对方的球，要积极主动、快速地滑步卡堵对方的突破路线，

3. 以守转攻要快。

四、半场一对一突破上篮后的攻守转化训练

训练安排：两人一组，用一个球。A在前锋位置上做突破上篮，无论投中与否，只要防守队员a抢到篮板球，a立即运球反击，并在运球中传给教练后快速摆脱接教练的球运球突破上篮，A突破上篮后在未抢到篮板球时，应快速转入防守，防a的反击，在对侧篮攻守结束后，两人排队尾，从两侧篮同时开始训练。

目标：提高攻守转化的意识和行进间的攻防技术。

条件：

1. 攻守转化要快，由攻转守时，快速找人抢位防守。

2. 投篮后，双方都要拼抢篮板球，进攻队员抢到球后可再进攻。

五、两人快攻后转换防守的训练

训练安排：A和B快速传球上篮后，立即转入找人防守，防C和D。教练捡到篮板球后传给C或D。当其传球时，下一组立即开始快速传球上篮。依此连续训练。A和B防守后换到C和D的位置上，C和D到端线队尾准备快攻传球上篮，两人一组一球站在端线。

目标：

1. 提高攻转守、转换和快速找人的意识和能力。

2. 提高在追防中抢断球的意识和能力。

条件：

1. 快攻上篮后立即快速找人防守，找人的同时要看到持球人。

2. 在追防找人中，封堵对方接球，积极果然地抢断球，一旦对方接到球，防守要及时到位，并防运、防突。

六、全场二人攻转守的训练

训练安排：两人一组，全队分若干组站在中线两侧，教练Ⅰ和Ⅱ分别站在篮下和中圈。开始时，第一组A和B从端线做传球快攻上篮，上篮后两人快速向中场追防C和D，教练Ⅱ在篮下捡到篮板球后，立即传给中圈的教练Ⅰ，教练Ⅰ再传给快下的C或D，A和B再追防C和D到对侧篮下，防C和D投篮或突破上篮，直至对方投中或A和B抢到篮板球，这一组训练结束，C和D再从这一端线做快攻传球推进上篮，上篮后按A和B的方法追防，追防后排到中场队尾……依此连续训练。

目标：提高攻转守快速转换的意识和追防的速度，同时提高快速反击的意识。

条件：

1. 投中篮后立即转入防守。

2. 在追防中找人抢位防守，并积极抢断球。

七、快攻一防二和全场追防抢位的训练

训练安排：两人一组，用一个球，全队分若干组站在端线外。训练时，先出一组队员，队员C站在对侧的弧顶附近防守，队员D站在对侧靠近边线的位置，准备快攻反击。开始时，第一组队员做短传快攻推进二打一，C防守时，抢断球或抢到篮板球或在对方投中篮、掷端线界外球时，长传给快下的D，这时投中篮的队员快速追防D，防D运球上篮或急停跳投，当但投中或防守队员抢到篮板球时，这一回合结束，下一组开始。

位置轮换：A和B快攻二攻一后，投篮队员或投中队员追防，追防后立即跑回对侧原来D的位置上，准备快下。而另一队员落到弧顶原C的位置准备一

防二。C长传球后与快下反击的同伴D，排到端线队尾。新上场的E和F做短传推进二攻一。

目标：

1.提高快攻中以少防多的能力。

2.提高攻守转化的速度和能力。

条件：

1.一防二时，要主动运用假动作防守。

2.在C未获得球权时，D不得快下。

3.追防时，注意快找人，注意抢位，并大胆抢断球。

八、全场二打一攻守转化的训练

训练安排：两人一组。开始时，A和B进攻，c防守。投中篮后，c掷端线界外球传给a或b打反击，而上篮队员A或B快速追防接球队员，并在前场形成二打一，防a或b上篮后，B立即抢篮板球或抢发端线界外球给C或D反击，上篮队员快速追防……依此连续训练。抢篮板球或抢发端线界外球，传球后与自己同组的队员落在此半场其他队员的队尾。

目标：

1.提高攻守转化的意识和能力。

2.提高上篮后快速追防的速度和一防二的能力。

条件：

1.投中篮或未抢到篮板球时快速追防接球队员，力争造成抢断球。快攻反击队员必须在同伴获得球权后，方可快下，不得偷跑。

2.一防二时，注意运用假动作防守。

九、全场二打二攻守转化训练一

训练安排：两人一组，全队分两大组。开始时，A和B进攻防守，当进攻组投中篮或失误或防守组抢到篮板球时，立即传给c或d反击，A和B则由攻转入全场紧逼防守，a和b下场休息。当c和d组投中篮或失误或防守组A和B抢到篮板球时，立即把球传给C或D反击，这时c和d则由攻转入全场紧逼防守……依此连续训练，看哪大组先防守成功（指抢断球、对方失误和抢获后场篮板球）20次。此训练如果强调快攻反击的话，则要求看哪组先投中20次。

目标：提高攻守转化的意识和转化的速度，提高全场二对二的攻守能力。

条件：

1. 攻守转化要快，只要是机会不得有任何停顿或怠慢。

2. 反击队员在未获得球权时，不得偷跑。

3. 如为了着重提高防守能力，可提出具体的防守条件。例如，为了着重提高进攻的能力，可提出得分的具体要求。

十、全场二对二攻守转化训练二

训练安排：全队分成四组。四组全场进攻A组，当a违例、失误、投中或被A组抢到后场篮板球时，a立即由攻转守，而B组立即上场进攻，全场攻守。A组休息，当B组违例、失误、投中或被X组抢到后场篮板球时，B组立即由攻转入防守，b组则立即上场，进攻组休息……依此连续训练。

目标：

1. 提高攻守转化的意识和转化的速度。

2. 增加对抗的强度。

3. 培养队员的好胜心和集体主义精神。

条件：

1. 一旦失去球权立即转入防守，转入防守时，要就地找人边抢位、边堵防，不允许放弃前场、中场的争夺而直奔篮下的防守。

2. 进攻组抢到篮板球可投篮，直至投中。防守组抢到篮板球后，应将球传给上场反击的同伴，但新上场的同伴若想打偷袭快攻，必须在抢到篮板球后，方可从端线快下。

3. 如果本训练强调防守，则要求抢断一球得两分，抢到一次后场篮板球得一分；如果强调进攻，则要求投中得分，哪组得分多哪组优胜。

十一、五人快攻后转换防守的训练

训练安排：开始时队员的落位。进攻队员O组5人围绕上篮，上篮后立即转入防守，全场紧逼，快速找人并防守到位。当O组投中篮时，a立即发端线界外球，b和c接应，d和e快下，完成若干组或防守成功若干组后，攻守交换，或者一次一轮换。

目标：

1.提高由攻转守时快速找人、落位的防守意识和能力。

2.提高防守中堵截、抢断球的意识和能力。

条件：

1.按盯人或防区找人，落位要快。

2.退守中要观察球的位置，始终处于有利的防守位置，并随时准备夹防、补防或抢断球。

十二、半场二对二攻守转换的训练

训练安排：两人一组，半场二攻二守，全队在两个半场训练，进攻组投中篮后，防守组下场休息，进攻组变防守，而场外另一组上场变为进攻，如果进攻组抢到篮板球则继续进攻；防守组断球或抢到篮板球后立即发动快攻一传，二传传给站在中线的教练，这时场外的另一组立即上场进攻，原进攻组失去球权后，马上转为防守。只有在防守组抢到篮板球、抢断球或对方投中篮时才轮换。

目标：

1.提高攻转守和守转攻的意识。

2.提高攻转守时防快攻和一传的意识和技术。

条件：

1.进攻组，在进行二人配合投篮的基础上，抓住机会进行个人攻击，半场二对二时，根据比赛规则，正常地进行攻防。

2.攻守转化要快，不得有丝毫停顿或怠慢。

十三、全场三攻三的攻防转换训练

训练安排：三人一组，用一个球，全队分若干组。训练时，Ⅰ组与Ⅱ组在半场三对三，Ⅰ组进攻，当Ⅰ组失误违例、投中或失去前场篮板球后，立即转入防守，防至中场后，不再防，换另一组上或退到半场等待防守（由全队的组数而定）。转入进攻的Ⅱ组则继续推进进攻，这时Ⅲ组马上跑到中线找人防守，与Ⅱ组在半场三对三，如果X组失误、违例、投中或失去前场篮板球，则立即转为防守，防至中线，Ⅲ组由守转攻……依此连续训练。

目标：

1.提高攻守转换的意识和速度。

2.提高半场三防三的技术和技巧。

条件：

1.攻守转换要快，不得有任何停顿或怠慢（包括掷界外球和防掷界外球）。

2.进攻转入防守时，找人要快，防守到位，给进攻人以压力。

十四、半场变全场的攻守转换训练

训练安排：全队12人分三组，即Ⅰ、Ⅱ、Ⅲ组每组四人，开始时Ⅰ组和Ⅱ组先做半场四对四，Ⅲ组在场外休息。

1. Ⅰ组进攻，Ⅱ组防守。Ⅰ组投中篮，争得防守权。Ⅰ组防守，Ⅱ组下场，Ⅲ组上场进攻。

2. 如果Ⅱ组在半场抢断球或争得篮板球，则立即由半场变为全场反击，快攻反击成功后得分。这时Ⅰ组下，Ⅲ组上场进攻，Ⅱ组仍防守。

3. 如果Ⅰ组违例或球出界外，则Ⅰ组下场，Ⅲ组上场。

4. 如果Ⅱ组打快攻反击时，Ⅰ组防快攻成功，则可继续留在场上与Ⅱ组再在半场攻守。也就是说，只有快攻反击成功才能得分。而快攻反击，首先是获得防守权才能打反击快攻，所以在防守时必须积极抢断球和拼抢篮板球。

目标：

1.激发队员攻、守的积极性和提高攻守的质量。

2. 提高队员攻守转化的速度。

条件：

1. 对持球人必须采用平步紧逼的步法并积极封堵其传球、运球和突破。

2. 不能随便漏防自己的人，交换、挤过、绕过要呼应。

3. 攻守转换要快，不得有停顿。

4. 得分少的组或没按防守要求的队员，将受到一定的惩罚。

十五、三人全场攻守转换的训练

训练安排：三人一组，用一个球，全队分若干组站在端线。开始A、B、C把球传给站在跳球圈的教练后，立即起动快跑退守，在中线附近做后转身变后退跑。在后退跑的过程中，接教练的传球快速发动快攻反击，快攻上篮后，中路队员把球传给教练，两边路队员底线交叉后退守快下，按上述方法再做一次……两个往返或若干个往返后下场休息，下一组训练，各组轮流。

目标：提高攻守转换意识。

条件：

1. 在退守过程中，随时准备反击。

2. 接到球为反击的信号，不要偷跑。

3. 接到教练的球后，要求边路队员插中接一传。如果传给A，则C插中接一传，B从右边路快下；如果传中路队员B，则A或C插中接一传，这就要配合好。

第十章　篮球组合技术

第一节　脚步移动组合训练

在比赛中，无球队员移动寻找进攻机会时，有以下几种情况。

从无球到无球。

为同伴掩护、为同伴创造进攻机会的无球到无球。

从无球到有球。

先从有球开始，然后是无球移动。

从对无球组合技术的分析来看，无球组合技术的各子技术要比有球组合技术复杂得多。

掩护实际上是适时地、合理地用自己的身体挡住同伴的防守人的移动路线，为同伴创造攻击机会的一种方法。在比赛中运用掩护技术时，不但要注意为同伴创造攻击机会，同时也要求被掩护的人会利用同伴的掩护获得较好的攻击机会，而且掩护队员还应当根据防守人的防守情况，及时、合理地运用前、后转身要位或外拉要位，为自己创造攻击机会。

一、内中锋摆脱滑步上提—给外中锋做后掩—后转身要位（接球）

时机把握：对方盯人防守，进攻队采取1—3—1落位布阵时运用。

二、外中锋摆脱起动跑—给内中锋做侧掩护—后转身要位（接球）

时机把握：防守人盯人防守，而进攻队采用1—3—1阵式落位时运用。

三、内中锋摆脱横切—给另一侧内中锋做后掩护—转身外拉要位

时机把握：进攻队有两个大个子队员落在两侧内中锋位置上时运用。

四、内中锋摆脱横切—给另一侧内中锋做后掩护—后转身向篮下要位（接球）

时机把握：进攻队两个中锋落在两侧内中锋位置上时运用。

五、内中锋给前锋做后掩护—转身上插成外拉要位

时机把握：当防守人盯人防守时运用。

六、前锋利用内中锋定位掩护—摆脱空切（接球）

时机把握：当对方盯人防守时运用。

七、内中锋给另一侧溜底线的内线队员掩护—后转身—滑步碎步要位（接球）

时机把握：对方盯人防守，进攻队的内线队员溜底线时运用。

八、外中锋上提给后卫掩护—外拉或后撤步下顺（接球）

时机把握：防守队运用盯人防守而进攻队采用1—3—1落位时运用。

九、后卫摆脱下压—利用外中锋做定位掩护—空切（接球）

时机把握：当对方采用盯人防守而进攻队采用1—3—1落位时运用。

十、前锋上提—给后卫做后掩护—横滑步要位或后撤步转身下顺

时机把握：在对方守2—3或2—1—2联防时，或者守人盯人防守时运用。

十一、后卫移动给前锋做侧掩护—后转身要位（接球）

时机把握：当防守队采用盯人防守时运用。

十二、后卫移动—给后卫做侧掩护

时机把握：对方紧逼后卫队员接球时运用。

十三、行进间交叉掩护—转身起动加速摆脱（接球）

时机把握：破对方全场紧逼或扩大盯人防守时运用。

十四、起动上提—后掩护—起动跑

时机把握：破全场紧逼防守时运用。

第二节　运球技术组合训练

一、移动接球—运球—上篮

时机把握：在快攻中，沿边路或中路快下或中路跟进，接到同伴的传球离篮较远时，在阵地进攻中移动接球后，运球突破防守时运用。

二、移动接球—运球—上反篮

时机把握：移动接球时距篮较远，在运球突破的过程中，正面上篮的路线已被防守队员卡死时运用。

三、接球—运球—转身跨步—上篮

时机把握：在接球后向篮下突破的过程中，对方积极堵防时运用。

四、接球—运球—回收上篮

时机把握：接球运球突破上篮而被对方跳起封盖时，使用低手上篮。

五、移动接球—运球—变向—上篮

时机把握：快攻结束或阵地进攻，移动接球后的一对一时运用。

六、移动接球运球—变向—运球—上篮

时机把握：快攻中接球后向前场推进或阵地进攻中移动接球一对一时运用。

七、移动接球—运球—跨步变向—上篮

时机把握：快攻结束运球一对一或阵地进攻中运球一对一时运用。

八、移动接球—运球—转身—运球—上篮

时机把握：多运用在快攻结束运球一对一时。

九、移动接球—运球—急停—跨步—上篮

时机把握：多运用在快攻结束运球一对一时。

十、移动接球—运球—跳起转体360°低手上篮

此组合技术属于高难技术，在比赛中并不多见。它的运用，反映了当前篮球运动员把极好的身体素质与高超的篮球技术结合起来，既体现了身体素质是篮球技术的基础，又说明了篮球技术是篮球运动的核心。

十一、移动背对篮筐接球—转身—运球—上篮

时机把握：多是中锋队员或内线队员在近距离移动中背对篮筐接球，防守者处于背后防守并贴得比较紧时运用。

十二、移动背对篮筐接球—转身—运球—投篮

时机把握：一般是中锋队员或内线队员在近距离移动中，背对篮筐接球时，防守队员处于背后防守，但防守贴得不是太紧太近时运用。

十三、移动背对篮筐接球停—后撤步转身跨步—低手上篮

时机把握：一般多是中锋队员横切背对篮筐接球而被防守队员堵防时运用。

十四、移动背对篮筐接球停—运球—转身—跨步—上篮

时机把握：内线队员在内中锋位置向腹地横切，背对篮筐接球，防守队员在背后紧贴防守时运用。

十五、移动背对篮筐接球转—跨步—上篮

时机把握：横切到腹地一带，而防守队员卡堵横切路线并在身后防守时运用。

十六、移动背对篮筐接球—转身—勾手上篮

时机把握：内线队员从侧面向腹地横切背对篮筐接球时运用。

十七、移动背对篮筐接球单脚急停—转身—低手上篮（勾手上篮）

时机把握：内线队员从侧面向另一侧横切，在腹地一带背对篮筐接球而受阻时运用。

十八、移动背对篮筐接球—转身—运球—跨步—上反篮

时机把握：在阵地进攻中，溜底线背对篮下接球后被卡堵时运用。

十九、抢前场篮板球—运球—停—跨步—低手上篮

时机把握：内线队员在中、近距离抢到前场篮板球后而被防守队员紧逼

防守或封盖投篮时运用。

二十、断球—运球—上篮

时机把握：传球队员传球时较犹豫，传球动作过大，球速慢，不善于运用假动作，两眼直视接球队员，而接球队员不善于摆脱，不善于上步迎上去接球，出现上述情况中的一种或数种，防守队员就要抓住机会，积极地运用断球组合技术。

二十一、移动双脚起跳—断球—运球—上篮

时机把握：一般多在区域紧逼或半场区域联防时的夹防或协防后的回防中移动距离不是太远时运用。

二十二、移动单脚起跳—断球—运球—上篮

时机把握：在防守队员移动方向与传球方向一致的情况下运用单脚起跳断球，一般是向后滑步或后退防守中突然向后起跳断球，或向侧后方起跳断球时运用此种组合技术。

二十三、移动抢球—运球—变速变向运球—上篮

时机把握：一般在全场紧逼防守时，防守运球队员推进或夹击协防时运用。

二十四、抢球—运球—上篮

时机把握：当持球者原地持球，特别是运球结束后的原地持球时，防守他的队员运用此种组合技术。

二十五、接球—运球—侧掩护—加速运球—上篮

时机把握：后卫队员运球中给前锋队员做掩护时运用。

二十六、接球—运球—侧掩护—单手低手传球（双手低手传球）

时机把握：后卫之间或锋卫之间做运球掩护时运用。

二十七、接球—运球—后掩护—前转身—加速运球上篮

时机把握：前锋队员给后卫队员做运球掩护时运用。

二十八、背对篮筐接球—掩护—传球

时机把握：中锋队员背对篮筐接球后，外线队员空切时运用。

二十九、背对篮筐接球—掩护—转身—传球

时机把握：内线队员背对篮下接球后，外线同伴向篮下空切时运用。

三十、背对篮筐接球—运球—掩护—传球

时机把握：背对篮下接球后与外线队员配合时运用。

三十一、背对篮筐接球—掩护—转运球—上篮

时机把握：背对篮筐接球后给同伴做掩护，而防守队员运用挤过或换人破坏掩护时运用。

三十二、背对篮筐接球—转身—运球—掩护—后转身运球—上篮

时机把握：外中锋队员背对篮筐接球后给内中锋或其他队员做运球掩护时运用。

三十三、移动策应背对篮筐接球—传球

时机把握：破对方扩大盯人或紧逼防守时运用。

三十四、移动策应背对篮筐接球—转身—传球

时机把握：破对方全场紧逼防守时运用。

三十五、移动策应背对篮筐接球—运球—传球

时机把握：破对方扩大盯人或盯人防守时运用。

三十六、接球—底线突破—跳起单手肩上传球

时机把握：前锋位置上的队员底线突破失去上篮位置而同伴移动摆脱防守时运用。

三十七、接球—底线突破—跳起单手低手传球

时机把握：前锋位置上的队员接球后从底线突破，防守队员封堵上篮角度，同时同伴摆脱空切到篮下腹地一带时运用。

三十八、移动接球—中路突破—换手体侧分球

时机把握：全场运球推进时，阵地进攻中路突破时运用。

三十九、移动接球—中路突破—双手胸前吊传球

时机把握：快攻反击时插中接应后中路突破时传给快下到篮下的队员。

第三节　投篮组合技术训练

为了保证组合技术的完整性和实用性，有球组合技术前的移动或后边的空切、掩护仍作为有球组合技术的一个复合子技术。无球组合技术动作的接球、抢断球或抢篮板球也作为无球组合技术的一个子技术或复合子技术。

投篮组合技术是指与投篮组合在一起的技术。它是比赛中运用种类最多的组合技术。

一、接球投篮组合技术

1.接球—原地单手肩上投篮

时机把握：一般在摆脱防守后或无人防守的情况下运用。

2. 接球—原地双手胸前投篮

时机把握：摆脱防守后或在距离较远的情况下运用。

3. 接球—跳起单手肩上投篮

时机把握：这种组合技术动作快、突然性强，因此只要自己能抓住机会，可随时随地运用。

4. 接球—急停—单、双手的原地投篮

时机把握：对方防守较紧、距离较近时，采用接球急停的方法，把防守队员甩开或错位时再投篮。

5. 接球—运球—单、双手原地投篮

时机把握：距篮较远时，或者接球后的步法不便与投篮衔接时，或者接球不稳时，用运球调整后再投篮。

6. 接球—运球（突破）—急停—跳投

时机把握：接球后，对方防得很紧不便直接投篮时，利用运球或突破急停的方法，为自己创造跳投的机会，或由后场接球后向前场运球突破推进时运用此种组合技术。

7. 接球—运球—急停—跳起低手投篮

时机把握：同上种技术。只是在跳起投篮时，又遇到防守队员封盖，这时便使用这种技术。

8. 接球—向右（或向左）运球的摆脱—急停—跳投

时机把握：接球后因防守队员紧逼防守而不能直接跳投时运用。

9. 接球—运球（突破）—跑投

时机把握：一般多运用在快攻结束三打二，中路运球推进到前场，突破起步而防守人回缩防守时，或者在半场一对一进攻队员起步后，防守队员回缩防守时运用。

10. 接球—运球（突破）—横跨步（变向）—跑投

时机把握：在快攻结束阶段或半场阵地进攻接球后运球（或突破）的过程中，当第一步起步受阻时，利用横跨步摆脱防守然后跑投。

11. 接球—运球（突破）—跳起高手投篮

时机把握：当队员跳起跑投的同时，防守队员跳起封盖，则可使用高手上篮。

12. 接球—运球—体前换手变向—急停—跳投

时机把握：当进攻队员接球后运球，与防守队员有一定的距离时，运球队员突然运用体前变方向运球，摆脱防守跳投。

13. 接球—运球—体前变方向—加速运球—急停跳投

时机把握：同上种技术。只是在变方向后并未获得较好的投篮机会时，又运用加速运球的方法，然后突然急停摆脱防守跳投。

14. 接转—单、双手原地投篮

时机把握：接球时，防守队员上来抢断球，这时利用转身将防守队员挡住后再投篮。

15. 接球—运球—转身—跳投

时机把握：外线队员突破受阻时运用。

16. 接球—运球—转身—跨步—跳投

时机把握：同上种技术。但转身后并未获得较好的投篮角度或投篮位置，而运用跨步来获得较好的投篮角度或投篮位置。

17. 接球—运球—急停—转身—跳投

时机把握：接球后运球突破被对方堵截时运用。

18. 接球—运球—急停—跨步转身跑投

时机把握：同上种技术。但在做转身投篮时，防守人又滑步跟上来防守，这时进攻队员就变为向侧前方跨步跑投。

19. 接球—运球—横跨步—急停—跳投

时机把握：接球后运球向前突破而遇到防守队员的阻挡时，运用横跨步急停的方法摆脱防守，进行跳投。

20. 接球—运球—后撤步—跳投

时机把握：接球后运球向前突破受阻时，突然变后撤步跳投。

21. 移动接球—转身—跳投

时机把握：多运用在半场阵地进攻中，为摆脱防守或战术的要求，或由于移动摆脱防守而造成接球时不能面对篮，这时可运用此组合技术。

22. 移动接球—跳投

时机把握：根据全队整体战术的要求和比赛的情况，随时随地都可运用。

23. 移动接球—扛投

时机把握：在向篮下移动时，把防守队员挡在侧面或背后时运用。

24. 移动接球—运球—扛投

时机把握：同上种技术。但接球后因距篮稍远，需用运球靠近篮下，或接球不稳或脚步未调整好，运用运球调整。

25. 移动跳起接球—假动作—扛投

时机把握：当向篮下移动，同伴传来的球较高，而防守队员又紧贴防守并积极封盖时运用。

26. 移动接球转身—运球—急停—跳投

时机把握：在移动中接球后侧对篮，为了靠近篮下或获得较好的投篮角度和位置时运用。

27. 移动接球—勾手投篮

时机把握：移动中接到球后，防守队员在体侧防守时运用。

28. 移动跳起转身接球—急停—跳投

时机把握：内线队员从一侧溜底到另一侧，对方在面前防守而篮下又无其他防守队员时运用。

29. 移动跳起接球转身——运球——扛投

时机把握：内线队员从底线一侧移向另一侧接同伴的高吊传球时运用。

30. 摆脱移动跳起接球—空中高手投篮（扣篮）

时机把握：摆脱反跑篮下时运用。

31. 移动跳起接球—急停—扣篮

时机把握：摆脱反跑篮下，跳起空中接球不能直接投篮时，运用急停，再扣篮。

32. 接球—运球—变速变向运球—急停—跳投

时机把握：此种技术一般是由后卫队员从后场运球推进到前场时运用。

二、接球上篮组合技术

1. 移动接球—高手上篮

时机把握：在快攻结束时，或在阵地进攻中，空切到篮下时运用。

2. 移动接球—低手上篮

时机把握：在快攻结束时，或在阵地进攻中，空切到篮下接同伴的妙传时，最后一步距篮稍远而用低手上篮。

3. 移动接球—行进间双脚起跳上篮（扣篮）

时机把握：多用在快攻结束球传到篮下时，在阵地进攻中空切到腹地一带运用。

4. 移动接球—上反篮

时机把握：接球靠近篮下而无法正面上篮时运用。

5. 移动接球—急停跨步—低手上篮

时机把握：快攻结束或在阵地进攻中移动接球后，而防守队员在前面阻挡时运用。

三、背对篮筐接球后投篮的组合技术

背对篮筐接球后投篮的组合技术一般是中锋队员或内线队员在中、近距离运用。此类组合技术的关键在于接球前的要位。要位时队员不要在原地等着接球，而要根据球和防守队员的位置，不断地运用各种碎步结合转身要位，并靠肩背部的用力与防守队员争夺良好的接球位置和接球角度。在争夺中，进攻者两肘关节弯曲并微微向后或向上抬起，用"内劲"顶住防守队员的移动，两臂用"内劲"时，要强劲有力。在与防守队员争夺位置时，肩背部不但要顶堵对方的移动，而且凭肩背部的触觉，了解防守队员的所在位置。

1. 背对篮筐接球—转身—跳投

时机把握：中锋或内线队员在内、外中锋位置上落位，为获得投篮机会时运用。

2. （移动）背对篮筐接球—假动作—转身—跳投

时机把握：防守队员在背后防守，为了诱骗防守者移向一侧时而运用。

3. 背对篮筐接球—运转—跳投（扣投）

时机把握：背对篮下接球后，防守队员在背后紧贴防守时运用。

4. 背对篮筐接球—运球—后撤步转身—跳投

时机把握：当内线队员背对篮下接球后，防守队员在背后紧贴防守时运用。

5. 背对篮筐接球—运球—变向运（假动作）转身—跳投

时机把握：内线队员背对篮筐接球而被对方紧逼防守时运用。

6. 跳起背对篮筐接球—转身—跳投

时机把握：在内中锋位置上背对篮筐站位，防守队员在背后用平步紧贴防守，同伴高吊传球时运用。

7. 背对篮筐接球—运球—转身跨步—急停—跳投（扣投）

时机把握：内线队员在内中锋位置上背对篮筐接球而被对方紧逼防守时运用。

8. 背对篮筐接球—转身—勾手投篮

时机把握：在内中锋位置上背对篮筐或侧对篮下接球后，被对方紧逼防守时运用。

9. 背对篮筐接球—运球—转身—勾手投篮

时机把握：当内中锋队员或外中锋队员背对篮下接球后，防守队员紧逼防守，而持球队员运用运球转身技术未能摆脱防守时，便采用勾手投篮。

10. 背对篮筐接球—假动作—勾手投篮

时机把握：进攻队员侧对篮下接球，防守队员积极封堵抢夺持球队员手中的球时运用。

11. 背对篮筐接球转身—运球—勾手投篮

时机把握：内线队员在罚球线背对篮筐接球后运球突破受阻时运用勾手投篮。

12. 背对篮筐接球—运球转身—运球—急停—跳投

时机把握：在中、近距离背对篮下接球后而对方紧逼防守时运用。

13. 移动背对篮筐接球—反手投篮

时机把握：从篮筐的一侧溜底线移向另一侧时运用。

14. 移动背对篮筐接球—转身运球—急停—跨步反手投篮

时机把握：从一侧移向另一侧背对篮筐接球后被对方紧逼防守时运用。

15. 移动接球—急停—反手投篮

时机把握：在底线或篮下一带穿插移动时运用。

16. 移动跳起接球—急停—转身—反手投篮

时机把握：在溜底线的过程中，接同样的高传球，为获得良好的投篮机会和投篮角度时运用。

17. 移动背对篮筐接球—转身—跳投

时机把握：在移动中背对篮筐接球时运用。

18. 移动背对篮筐接球—运球—后撤步转身—跳投

时机把握：在移动中背对篮筐接到球而防守队员在背后紧逼防守时运用。

19. 移动背对篮筐接球—转身—跨步—投篮

时机把握：在移动中背对篮筐接到球，而防守队员偏于一侧堵防时，以及转身后为获得较好的投篮角度和位置时运用。

20. 移动背对篮筐接球—假动作—转身—勾手投篮

时机把握：在移动中背对篮筐接球而被对方紧逼防守时运用。

四、抢前场篮板球后的投篮组合技术

1. 移动单脚起跳抢前场篮板球—空中投篮（单、双手补篮）

时机把握：当同伴投篮刚一出手，自己处在距篮筐中、近距离时，或者自己中距离投篮后，运用此种组合技术。

2. 移动双脚起跳冲抢前场篮板球—空中投篮（单、双手补篮）

时机把握：投篮刚一出手，距篮筐较近而且球从篮筐反弹起来的高度不是太高时运用。

3. 移动单脚起跳单手抢前场篮板球—跳投

时机把握：投篮时，球从篮筐上反弹较高，不便在空中直接投篮时运用。

4. 移动单脚起跳双手抢前场篮板球—跳投

时机把握：在冲抢时，为了更好地控制空中面积和有力地争夺球而运用此种技术。

5. 移动双脚起跳单（双）手抢前场篮板球—跳投

时机把握：当距篮筐较近，并抢占较好的起跳位置时运用。

6. 移动抢前场篮板球—假动作—跳投

移动抢前场篮板球包括上述各种单、双脚起跳和各种单、双手抢球的技术方法。

时机把握：抢到前场篮板球后为避开防守者封盖时运用。

7. 移动抢前场篮板球—假动作—跨步投反篮

时机把握：抢到前场篮板球后为寻找有利的投篮时机或避开对方封盖时运用。

8. 移动抢前场篮板球—运球—投篮

时机把握：在篮下抢到前场篮板球时，人多不便直接投篮，以及外线抢到前场篮板球后为了调整投篮步法或压缩投篮距离时运用。

9. 移动抢前场篮板球—运球—转身—投篮

时机把握：篮下冲抢到前场篮板球后，因篮下队员密集，不便在篮下投篮时运用。

第四节　防守组合技术训练

一、防无球进攻队员的组合技术

防无球进攻组合技术训练时，必须根据上述无球进攻队员的这些特点进行针对性防守。在比赛中，场上情况变化莫测，队员也在不停地变换自己的位置，无球队员随时可以变成有球队员，进攻队员随时可以变成防守队员，防守队员也可以随时变为进攻队员。因此，在防无球进攻队员时，应做好随时由防守变为进攻、由防无球变为防有球的准备。这里还要特别强调，必须高度重视对无球队员的防守。一般来讲，大家都比较重视对有球队员的防守。无球队员随时都可以移动到有利的区域或有利的位置上得到球，获得一次很好的攻击机会，这种潜在的危险往往容易被人忽视。在比赛中，常见到一些队员当自己所防守的队员处于无球时，处于放松的状态，而被对方接球后打个措手不及。因此，除了在思想上必须高度重视对无球队员的防守外，还必须要求运动员养成良好的习惯，掌握正确的防守动作，即两腿随时随地处于弯曲的状态，两脚不停地处于碎步或滑跳碎步的防守动态，以便及时地移动，堵防无球队员的移动或接球。

在防无球进攻队员时，还要有近球区防守和远球区防守的概念。近球区防守时，应以防人为主，人、球、区兼顾；远球区防守时，在人、球、区兼顾的同时，重点防守对方的背插、空切和掩护。当然对特殊队员的防守应超出这个原则。

防无球进攻队员的组合技术分可为防无球中锋队员的组合技术、防无球前锋队员的组合技术、防无球后卫队员的组合技术和全场防有球队员的组合技术。

（一）防无球中锋队员的组合技术

防无球中锋队员时应注意以下几个问题：

1. 重视防守位置的选择。因为中锋队员一般距篮很近，防守队员一旦失去有利的位置，同伴很难补防，而且中锋队员身材高大，往往获得直接得分的机会。在选择防守位置时应注意近球区和远球区，注意有无同伴协防的条件和可能。

2. 不让对方接到球。

3. 要会用"内劲"，即合理地运用肩背力量、身体力量与对方争夺有利的位置。

4. 合理地运用手臂触摸、感知进攻队员的所在位置，并保持合适的距离。

5. 熟练地掌握中锋队员常用的几种防守步法。

（二）防无球前锋队员的组合技术

当前，在国内的一些大型比赛中，前锋队员基本上是各队的主要攻击手和得分手。因此，防无球前锋队员时，总的原则是不让其接到球，尤其是不让其在自己习惯的投篮区或投篮点上接到球。在具体的防守中也应同防无球中锋一样。

1. 应分近球区防守还是远球区防守，根据离球的远、近，选择合适的防守距离、防守步法，并采用合适的防守姿势。近球区，采用内侧脚在前的防守步法，防守距离较近，内侧手臂在前积极干扰对方接球。远球区可采用内侧脚在前，也可采用外侧脚在前的步法。目前在国际比赛中，也包括我们国家一些队的运动员在内，在远球区，根据自己所防队员的特点以及自己的防守习惯，采用内侧脚在前的防守步法，但在选位时不像近球区距进攻队员那么近，而是根据远球区防守时人、球、区兼顾的原则进行选位。

2. 要注意防守时的手臂技术。比赛中，手臂动作的运用是非常重要的，不仅起"配合"或协调的作用，还是一项重要的技术，其手臂技术与步法在运用过程中是一个统一的整体。手臂技术主要起到干扰对方传、接球，打、断对方的传、接球等作用。

3. 原地防守无球队员时，两腿应处于"动态"，以便及时起动。

4. 当进攻队员移动要位时，要及时地卡堵其移动路线，使进攻队员难以摆脱，当对方继续移动时，应连续移动卡堵，不给对方超越或接球的机会。

（三）防无球后卫队员的组合技术

防无球后卫队员时应注意以下几个问题。

1. 注意对方传球后的突然加速空切和摆脱后的突然加速空切。对那些起动快、速度快、空切意识强的队员，当对方传球后或发现对方有空切意图时，应先后退一步防守，以防对方空切；当对方运用摆脱空切时，应及时地卡堵，卡堵时不仅要积极移动腿部和身体，还要注意合理地运用手臂技术干扰对方移动和传、接球。

2. 当后卫队员在弧顶一带将球传出后，应注意紧逼对方，不给其接回传球的机会，特别是对组织进攻的核心后卫的防守更是如此。防守时，尽量远离持球队员，迫使其向中线、边线一带移动，这样防不但可以延误对方组织进攻的时间，而且可以为抢断球创造条件，或者造成对方在匆忙中传、接球失误。这种方法尤其在紧逼防守时或半场扩大盯人防守时运用的效果更好。

3. 对投篮准的队员，坚决不让在其投篮区或投篮点上接到球，防守时紧逼对方，迫使其离开自己习惯的投篮区或投篮点。

二、防有球队员的组合技术

防有球队员时应注意以下几个问题。

1. 防在对方接球前。应在对方接球前，就积极地卡堵、干扰对方接球，等对方接到球再去防就晚了。特别是内线队员和对方的主要得分手，更要注意防守的时间。

2. 最理想的防守效果是在对方还未接到球时，就把球抢断到手里。

3. 如果抢断不到球，可把球打到有利于本方容易获球的区域。即使本队得不到球权，打出界外也是有利的。

4. 尽量不要让对手在习惯的攻击区或攻击点上接到球，如果接到球，也要使对方背对篮筐或侧对篮，或使对方失去重心，使其不便衔接下一个攻击技术。

5. 以上目的都没有达到时，应做到"球到人到"，即在对方接到球的同时，防守到位。在比赛中我们很多运动员防守时的效果差，对进攻队员没有压力、没有威胁，就是因为防守不到位，距离持球队员太远。在比赛中到位有三种步法：碎步到位、攻击步到位、跑上跳步急停到位。

6. 对有球队员的防守，还应注意防守的连续性，也就是通常讲的"防一更要防二"。如在对方运球结束时，不能放松，而应马上紧逼上去，封其传球或投篮。一旦放松，将给对方造成投篮或传球的良好机会，那么防守将前功尽弃。

7. 防对方运球突破时，应力争第一步就把突破者堵挡住。能否第一步堵挡住，关键在于防守者判断是否准确，起动是否快，防守意识是否强。要想起动快，两脚必须保持"动态"的防守姿势。第一步堵挡后，紧接着就是积极地运用滑步把突破者逼向外线。向外逼迫运球突破者，是在对方运球突破的过程中，当对方抬腿迈步时，及时地滑步抢占对方落地时的位置，迫使对方向外侧落脚。在防突破时，还要注意及时、合理、充分地利用身体阻挡对方。

8. 建立"每投必封"的概念。只要对方投篮，防守者必封盖，即使封盖不住球，也要干扰对方投篮时的出手，并在心理上给对方造成压力，以影响对方的命中率。

9. 注意对方运用假动作。当对方运用假动作时，应主动地运用计谋和策略，迫使对方出错，造成违例或犯规。当然最主要的还是不要上对方假动作的当，要识破对方的真实意图。

三、防守配合中的个人组合技术

防守配合中的个人组合技术包括防传切、防掩护、防策应、防突分、夹击、补防等。下面主要介绍的是防掩护、防策应等配合中的个人组合技术。

1. 到位平步防—挤过—横滑步—堵截步—封传

时机把握：防定位掩护时的挤过组合技术时运用。

2. 碎步滑步防—挤过—横滑步碎步防

时机把握：防对方在行进间做运球掩护时运用。

3. 封传球—碎步侧身防—交叉步起动接交叉步跑—挤过—横滑步

时机把握：防对方策应时的挤过组合技术时运用。

4. 碎步防—起动跑面防—穿过—跑上内侧脚在前防

时机把握：防移动中锋利用内中锋做定位掩护时运用。

5. 碎步横滑步防—穿过—上步攻击步或碎步防

时机把握：当后卫队员给前锋队员做反掩护时，防守者运用此组合技术。

6. 滑步碎步防—穿过—跑上碎步防

时机把握：对方进攻队员给自己所防守的队员做运球掩护时运用。

7. 碎步平步防—穿过—上步—横滑步防

时机把握：对方进攻队员给自己所防守的队员做运球掩护时运用。

8. 原地碎步防—横滑步—急停—上滑步—换人—撤步抢位防

时机把握：当对方进行无球掩护时运用。

9. 内侧脚在前防守—攻击步碎步防—急停—上步挡防（假换人）—撤步—横滑步

时机把握：对方掩护时，利用假换人堵防时运用。

第十一章　团队配合训练

第一节　团队进攻

教练应该鼓励球员，使他们全力以赴——获得运动乐趣，学习并提高自己的技术水平，抓住机会并勇于试错，在进攻中更应如此。为了让球员能够应对所有可能的情况并提高他们的篮球智商，教练可以增强球员的信心，让他们知道自己一定会成功。

为了使球队能够应对所有情况，应该从以下方面着手：一般的进攻原则、球员在每个进攻位置上的职责、团队进攻战术及团队进攻的特殊情况。

一、一般进攻原则

教练首先让球员学习基本的进攻原则，然后根据不同的球员进行调整，给予球员足够灵活的空间，使他们发挥自己的强项。教练的基本教学理念应该保持稳定并循序渐进，可以根据球员的特点对进攻和防守的战术风格进行调整。

进攻效率在很大程度上依赖于对空间和时间的掌握，全部球员应该分散地处于球场区域内，在正确的时间同时执行移动和切入动作。任何进攻都需要均衡的场上人员分布，要获得较高的投篮命中率，投篮时，要有负责争抢进攻篮板球的球员及负责防守的球员。均衡还意味着球员在场上应该保持位置上的均衡，通常进攻球员之间的距离为5米左右。进攻均衡还要求在投篮时注意争抢进攻篮板球和防守，球员需要快速执行从进攻到防守的转换，快速争抢进攻篮板球或者快速回防。篮球是一项团队运动，与仅仅依靠某个明星球员得分相比，多个球员实现均衡的得分更可取。

　　良好的进攻包括球员和篮球的正确移动，也可能需要有经验的球员各种掩护技术，要擅长内外线投篮得分。培养由内而外的攻击原则：内线进攻为主攻，外线进攻为辅，避免只防守某一区域或某一球员。任何战术系统的执行总是比系统本身更重要。团队的执行效果总是比执行方法更重要。

二、球员位置和职责

　　按照角色、能力和技术水平的不同，球队中的每个球员都有一个特定的位置。目前有三个基本位置，即后卫、前锋和中锋。

　　中锋通常是球队中最高的球员，其次是前锋，后卫则是身高最小的球员。中锋和前锋一般是较好的抢篮板球球员，后卫则是具有最佳控球能力的球员。与前锋和中锋相比，后卫还会执行更多的外线战术。所有外线球员和内线球员都应该掌握基本的篮球技术，以便在特定情况下能够互相进行转换。

（一）后卫

　　后卫球员通常被总称为球队的后场球员。可以将后卫球员进一步细分为控球后卫和得分后卫。由于具有较好的运球能力，因此控球后卫经常能够通过突破后传球的方式，为队友创造得分机会，也就是通过防守球员突破到篮下并将球传给处于空位或者无人防守的队友。控球后卫还被称为比赛的"组织者"，因为他们还负责指挥整个球队并创造得分机会。控球后卫通常由球队中控球技术最好的球员担任，同时能够在比赛时领导球队并履行教练的职责。得分后卫则应该从球队中那些投篮能力和控球技术都非常好的球员中选择。

（二）前锋

　　前锋有时候被称为"底角"球员，因为他们的进攻位置一般位于前场的底角。大多数球队都会选择小前锋和大前锋这样的配置。小前锋需要进行较多的移动，他能够承担后卫和前锋两种角色，比赛时通常面向篮筐，较好的控球和外线投篮能力也是对小前锋的基本要求。大前锋通常是最强壮的篮板球球员，需要由外向内移动。小前锋应该能够同时履行后卫和前锋的职责，具有较好的控球能力，能够执行外线战术并具有篮板球能力。而大前锋必须能够履行前锋和中锋的职责。

（三）中锋或者低位球员

中锋位置应该从那些身材最高的球员中进行选择，中锋通常会在篮筐附近履行内线职责，能够应对身体接触和球员密集的环境。一般来说，作为拥有最高身高的球员，中锋的职责范围包括高位的罚球区内侧位置或者低位位置，以及罚球线外侧或者三秒区，中锋一般会背对篮筐。中锋和两名前锋球员通常被总称为前场球员。

三、团队进攻战术

为了使球队能够应对各种防守情况，需要培养自己的团队战术，包括以下几个方面。

1. 在比赛中有组织地从防守转换为进攻状态（不给防守方反应时间，立即对防守方施压，防守方回防，在防守还没有完全组织起来时执行次要快攻）。

2. 压迫进攻用于对手的防守紧逼，从半场到全场发起进攻。

3. 一对一定点进攻，对手对进攻球员采取单独防守策略时可以采用这种战术。

4. 区域定点进攻，用于对对手的区域联防。

5. 对手结合多种防守方式时，可以采取定点进攻的应对方法。

6. 时间和比分允许进攻方在投篮前长时间控球，以及想迫使对手扩大防守区域时，可以采取延迟或者控制性的进攻战术。

7. 从进攻转换为防守（争抢篮板球的同时注意阻止对手得分或者执行快攻）。

8. 特殊情况战术选择：跳球、出界球和罚球。

（一）首次快攻：从防守转换为进攻

球队获得控球权，并在对手恢复良好的防守位置前将球推进到前场时，就可以通过快攻的方式轻松投篮得分。这种在人数上占优势的快攻称为"首要快攻"。快攻通常发生在获得篮板球、成功断球或者对方投篮得分后，是最快的从防守向进攻转换的方式。防守球队获得控球权时，可以使用向外传球的方式或者运球的方式发起快攻向前场推进时，传球应该作为第一选择，而运球是最后的选择。与此同时，其他队友应该牵制防守球员并采取均衡的站位。在场上执行快攻时，球员应该在保证控制的前提下以最快的速度向前推进。同时，应该有一名球员位于稍微落后几步的位置以确保己方篮筐的安全，进而达到攻防均衡的效果。

球员在人数上超越对手时，需要执行三线快攻。处于三打一情况时，进攻方可以执行双线快攻的战术。执行双线快攻时，进攻球员应该拉开距离使防守球员左右兼顾。运球技术最好的球员应该在最后时刻控球——除非对方强迫球员传球，否则直接投篮。运球球员需要将球从中路移动到侧面路线，最好使用外侧手运球。技术水平较高的球员可以使用内侧手运球，如果防守球员没有对运球球员执行防守，那么运球球员可以选择转身带球上篮。

（二）次要快攻：从防守转换为进攻

如果没有条件执行首要快攻战术，球队可以选择次要快攻战术。执行这种移动时，将球推进到底线一侧（降低或者瓦解对手的防守效果），一名球员在内线执行背打，在采取定点进攻前将球移动到第二侧。

（三）压迫进攻

进攻中的基本技术，如拉开进攻距离、切入动作、迎球、接球并面向篮筐、首先选择传球、运球时最后的选择等，其重要程度比任何的压迫进攻大得多。

如果防守方执行全场防守的策略，教练则需要指导球员执行压迫进攻的方式帮助球员确保篮球的安全。球员应该在防守球员就位前将球送至前场。指定一名前场球员在抢到篮板球后向外传球，迅速将球传给后卫。接球球员应该远离底角位置，并且不能离边线太近。

在应对区域压迫防守时，教练应该指导球员通过边线向外传球、两次中路向外传球，以及在控球球员后面向外安全传球的方式，在后场或者前场破解对方的防守。向球员强调使用正确传接球基本技巧的必要，并提醒他们通过移动获得空位并保持平衡的身体姿势压迫防守还可能为进攻方提供机会，因此球员应该在进攻中随时准备利用对手这种防守过度的缺点。

一般来说，球员需要破解对手的压迫防守。要有攻击性并将球向压迫防守的侧面或者中路转移，寻找带球上篮得分的机会。

作为最后的对策，进攻球员还可以通过充当安全阀的球员执行方式，反向传球从第二侧进攻。在面对极度紧急的情况时，例如持球的控球球员低手包夹时，距离最近的队友可以上前直接在包夹后面接传球。控球球员可以以后转身的防守护球并传球。接球员则应该立即发起进攻。

（四）阵地进攻

如果防守方在首要快攻和次要快攻后已经建立起防守体系并等待对手进攻，那么可以使用定点进攻的方式投篮得分。球队应该采取基本进攻模式，然后使用基本的有球和无球移动技术创造得分机会。可以从几个位置上发起基本的定点快攻模式，教练应该根据球员的特点和球队的战术选择比较好的进攻发起模式。

1. 传球—切入

篮球运动中最普遍使用的团队战术被称为"传球—切入"。这个战术是进攻的基本形式，在这个双人战术中，基本模式是传球球员传球给接球球员并切到篮下接队友的回传球。开始使用这个战术时，4名球员在外侧，一名球员在内侧，两名后卫和两名前锋采取定点站位方式。这个战术可以由任意两名球员在任何时间发起。基本的进攻规则如下，

（1）球场的中路位置是切入的路线。切入球员必须在传球后从中路切到篮下，在两秒钟内通过中路位置，这种切入方式能够对防守进行牵制。

（2）球员应该对防守球员进行解读并采取相应的移动方式。传球并选择防守比较薄弱的位置执行突破。如果可能，可以从防守球员的前面切入，面对严密防守时，需要从背后切入。

（3）切入球员可以执行简单的背打战术，但是必须尽快从中路通过。

（4）球员应该尽可能为接球球员创造接球位置，距离接球球员5米左右，并使接球球员面向传球。

（5）面对区域联防时，从防守间隙的中间切入。接球后则占据防守间隙。

（6）进攻由球员发起，并需要遵守一定的规则。突破切入是进攻中的关键环节。

（7）低位球员应该占据位置区附近的低位区域，其职责是在弱手一侧争抢篮板球，并随时准备在强侧执行二打一切入或者传球突破战术。球在自己一侧时，低位球员可以执行背打战术，只有防守球员出现防守漏洞时才可以执行

低位闪切并带球上篮的动作。

（8）可以通过口头语提示的方法选择以下移动方式。

第一，外线球员有球掩护。

第二，外线球员传球并执行有球掩护。

第三，外线球员在球场一侧利用防守空位执行突破。

第四，切入球员低位闪切。

（9）被对手包夹时，球员应该利用空档将球传给切到中路的队友，或者将球传给上前接球的队友。

（10）进攻可以从全场、3/4场地或者半场开始。篮球和切入球员的移动比进攻模式更为重要。教练应该注意球员在进攻时的间距。球员应该带着特定目的执行切入动作。从中路通过时，球员可以在同一侧移动，也可以向相反的一侧移动。

（11）进攻教学阶级顺序如下：

第一，二打○、二打二。

第二，三打○、三打三、弱侧低位三打三。

第三，半场和全场五打五。

2. 开放—低位

开放—低位模式是一个使用一名后卫的模式，允许任何球员以V形切入方式移动到低位，同时还能保留个人从中路突破及传球—切入这两种选择。开放—低位模式也可以用于破解区域联防或者综合防守战术，这取决于切入的程度及单个球员的移动范围。

这种进攻模式的规则如下：

（1）从罚球区顶点向侧翼位置执行传切战术时，执行V形切入后切到篮下位置。如果切入球员没有接到回传球，那么他需要在第一次传球形成更加均衡的站位效果。从侧翼位置向底角位置执行传切战术。

（2）如果侧翼球员被防守球员严密防守或者封阻传球路线，那么球员应该使用背后切入的方式切到篮下取代这个位置的队友。被严密防守的底角球员则应该执行背后切入动作并返回到同一侧。

（3）侧翼球员和前锋可以通过V形切入方式切到低位区域。切入球员如果在两秒钟内没有接到传球，则应该返回到同一个起始位置。

（4）投篮时，控球后卫应该在中场线附近执行防守任务，其他4名球员则需要占据争抢进攻篮板球的位置。适用于所有进攻情况的一个原则：进攻球队应该采取防守均衡的战术并能快速向防守转换。教练可以在投篮时让两名球员承担后卫的角色，负责在后面防守。

①1-4

1-4双高位模式需要控球后卫具有比较高的技术。这种模式对防守方来说是一个挑战，可以为4名球员中的任意一个球员传球，进攻时需要两名内线球员。

②1-3-1

1-3-1高位到低位模式需要控球后卫位于前面，前锋球员执行单人移动，并需要两名内线球员。

③1-2-2堆叠

这种模式需要控球后卫位于前面，一侧保持空位以便单个球员执行移动动作，另一侧球员堆叠站立。使用这种模式时，一名球员切到任意位置，另一名堆叠站立的球员则成为掩护球员，然后代替单个球员的低位位置。堆叠站位能过允许球员选择不同的切入方式。

④2-2-1或2-3模式

这是一个双后卫在前，一名球员处于低位区域的模式。球场的边线处和底角处保持空位以供前锋执行移动动作。相比来说，2-3模式更容易受到压迫防守的攻击。

（五）区域联防

面对区域联防时，教练可以选择经过调整的传切进攻模式或者其他模式。无论哪种模式，都应该指导球员使用以下规则。

1.球员在外线区域以对齐的方式站位并能够逐步进行投篮范围。

2.对防守发起进攻，但要保持耐心，在外线球员互相传球后寻找向区域内运球或者传球的机会。

3.注意自己与其他进攻球员之间的距离。通过保持一定的距离使防守球员无法轻松对进攻球员执行有效防守。

4. 从区域内切入通过。通过球员的移动和复位测试对手的区域联防。

5. 掩护阻挡区域联防。通过在区域内或者区域外设立掩护来破解区域联防。

教练可以鼓励球员多执行移动和传球动作。由于大多数的区域联防都是以篮球作为导向的，因此执行篮球假动作能够获得非常有效的效果。球员应该将球置于头顶，这样防守球员就能够看到篮球并对假动作做出反应。传球前首先做一个传球假动作。球员在将篮球置于头顶前必须先采取将球置于颌下并贴近身体的三威胁姿势。

（六）破解综合防守的进攻

防守方结合使用人盯人防守和区域联防两种方式时（三角形站位+2、方形站位+1或者菱形站位+1的模式），球队需要采取有组织的进攻方式破解对方的防守。可以选择常规的一对一进攻方式或者区域进攻的方式——球员移动、篮球移动及设立掩护的进攻方式。对防守进行分析并使用相应的进攻方式来破解对方的防守，例如在进攻模式中，进攻球员面对人盯人防守时，可以在底线位置利用掩护执行跑动。

球队在比赛快结束并且分数领先时，教练可以让球员在场上分散开，利用整个前场来扩大对手的防守区域。这种技巧称为"延迟比赛"或"控制比赛"，通常只有靠近篮筐时才进行投篮动作。在这些情况下，跑动进攻可能是最佳的进攻方式，不要轻易投篮，或者在投篮前应该多执行传球动作。选择这种进攻方式时，利用或者不利用24秒原则都可以。

投篮时间还剩下8~10秒时，运球球员需要寻找运球突破的机会，其他球员则需要通过个人移动获得较好的投篮位置。时间和比赛分数决定了球员何时应该长时间控球并使用拖延战术。例如最普遍使用的进攻模式，其中4名进攻球员占据4个边角位置，最佳运球球员或者控球球员位于中路的前部。球员A通常是控球后卫或者战术组织球员，会一直寻找突破和传球的机会。所有进攻球员都应该对防守进行解读并采取相应的措施，等待并利用防守球员出现的防守漏洞。使用控制比赛战术时，教练应该确保罚球球员具有良好的投篮技术，因为防守球员此时会出现更多的犯规动作。

保持球队处于进攻状态，不要消极或者失去冲劲。球员可以通过假装拖延比赛但实际上寻找投篮得分机会的方式迷惑对手。如果球队不想投篮，可以按照正常进攻的节奏跑动，给防守球队他们正在执行进攻的错觉。

投篮时间只剩下几秒时，可以使用一种特殊战术。相关选择是A使用掩护，B或者C移动突破并尝试进行三分球投篮，D使用E的背后掩护，E在掩护后向外迈步移动。

（七）团队进攻的特殊情况

执行团队进攻时，要做好面对多种特殊情况的准备：界外球战术、罚球、跳球及最后一秒得分战术。其目的是让球队做好应对任何比赛情况的准备。

1. 掷界外球

每个球队都必须制订计划，将球从己方篮下或者边线处将球传到场内。最重要的是，球员需要能够在面对任何防守战术时安全地将球传到界内。

2. 罚球

面对罚球情况时，球队同样需要制订周密的计划。执行进攻罚球时，两名最优秀的篮板球球员站在第二罚球区位置，并尽量在罚球区中路或者防守球员的底线侧抢到进攻篮板球。球员C处于一个能够抢到长篮板球或者被拨出的球的位置，而A和C负责后场防守，一定不能让任何对手移到他们的后面接长传球。处于防守罚球情况时，球员a必须注意争抢被拨出来的球或者长篮板球。球员b通过占据投篮球员和篮筐之间的路径来封阻投篮球员。球员d和e在他们所在的一侧封阻对手，球员c则负责在中路区域争抢篮板球。抢到防守篮板球后，所有球员都应该执行向快攻的转换。

3. 跳球

为了应对比赛开始和加时赛时的跳球环节，球队需要制订特殊的战术计划。身高较低且速度较快的球员负责防守篮板。无论采取何种战术模式，跳球时都应该尽量将球拨到空位位置。

4. 压哨投篮

压哨投篮用于延迟比赛战术或者其他任何只剩8～10秒进攻时间的情况，取决于球员的技术水平。这种战术能够使进攻方获得较好的投篮机会、进攻篮板球或者实施二次进攻的机会，防守方却无法利用剩余的时间在球场的另一侧执行良好的投篮。

无论面对哪种进攻情况，选择哪种进攻模式、战术或者进攻系统，执行力都是关键要素——如何做比做什么更重要。使用计时器针对这些特殊的情况进行训练。

（八）防守转换：进攻到防守

为了正确地执行进攻，需要制定详细的计划。球员需要快速转换到防守状态，不让对手在人数占优的情况下执行快攻，并执行定点防守。教练可以使用的训练方法是为所有进攻球员创建一个转换角色。

1. 后卫

负责防守安全的球员，通常是控球球员，负责阻止对手轻松得分。队友执行任何投篮时，后卫球员快速移动到中场线的圆圈位置并向后跑动，并在此处指挥球队的防守。投篮的球员是后卫球员时，则由其他球员负责发号指令和指挥攻防转换。执行快攻时，最后一名球员扮演后卫的角色，且在投篮命中或者发起次要快攻前不能越过中场线。

2. 拖后——队友投篮

其他4名球员负责上前争抢进攻篮板球（假设投篮不中），直到对手抢到球或者篮球入筐。在这种情况下，所有4名球员快速跑向半场，如果对手没有占据人数优势，在向后跑动执行防守任务时，从内侧肩膀观察篮球的动向。大多数球员会使用3名拖后球员，第4名球员则负责在罚球线处或者更远一些的位置抢篮板球，然后作为最早向防守转换的球员，他成为中卫球员，负责阻止篮球向前场推进。

（九）团队进攻学训重心

1. 动作迅速但不要匆忙。首先关注的是执行和对时间的掌握，其次才是速度。

2. 在所有区域内保持均衡，包括以下几个方面。

①球员个人——身体和精神。

②进攻和防守。

③进攻篮板球和防守篮板球。

④球员间距——在场上分散站位并转移篮球。

⑤内线和外线得分。

⑥传球和得分。

3.努力获得对空间和时间的正确掌握。

4.指导球员在进攻时发挥智慧执行团队协作。

5.指导球员将团队协作放在第一位，个人战术放在次要位置。

6.培养球员无畏的精神，勇于试错，但是要从错误中吸取经验。

7.在团队环境下提高个人战术。

8.进攻时球员要积极移动并积极传球，应该带着特定目的进行移动。

9.团队进攻时要保持耐心。球员的移动必须与战术紧密配合。总的来说，相对于团队防守来说，团队进攻的学习过程要慢一些。

四、团队进攻训练

在训练团队进攻时，首先要采用慢节奏，保证队员能够正确地执行各种技术。然后根据比赛节奏进行训练，培养队员的团队合作能力和时间控制能力。除了球员进行掩护或切入篮下外，我们还应该强调适当的进攻空间的必要性。

（一）基本进攻训练：五打○

目标：指导球员在基本团队进攻模式下执行移动和进攻职责。

准备：一个篮球、5名球员及半场场地。

步骤：5名球员同时在场上进行团队进攻、战术或移动方式、团队进攻中个人职责的训练。模拟全部进攻情况：后场、前场、界外球和罚球。每次投篮得分代表进攻战术结束，并在中线处执行角色转换。这个训练由5名进攻球员一起执行，不使用防守球员。

选项：

1.半场进攻——设为定点进攻。

2.半场到全场（防守到进攻）——投篮命中或者投篮不中后；压迫进攻；次要快攻；定点进攻。

3.半场防守到全场进攻，再转换为防守。

执行所有进攻投篮时，假设投篮不中并执行转换。在所有训练中，无论投篮是否命中，球员都应该在半场执行转换。

（二）团队进攻—防守训练：五打五

目标：以进阶方式指导球员进行进攻和防守训练，直至最终进行五打五对抗训练。

准备：篮球、篮筐、半场或者全场场地。

步骤：5名进攻球员和5名防守球员训练团队战术，球员应该针对所有情况进行训练，这样才不会在比赛时出现不知如何应对的情况。训练时采取进阶方式，首先防守球员采取站立不动的防守方式，接下来采取不使用手的防守方式，最后再按照比赛节奏进行训练，即采取没有限制并且可以使用各种防守战术的攻防训练。

在到达场地另一端进行进攻转换前，球员要一直进行攻防训练。

选项：

1.半场淘汰训练，投篮不中时全场转换。

2.半场到全场（防守到进攻转换——压迫进攻、快攻、定点进攻）。

3.全场——中间随时叫停，对球员的错误进行纠正，添加投篮训练时间。

（三）闪电快攻训练

目标：指导球员训练双线和三线快攻，以及防守基本技术。

准备：一个篮球、10~16名球员（分成两组）及全场场地。

步骤：两队在半场位置相对站立。开始训练时，选择一个队在场地的一端作为进攻方，另一个队在半场位置执行防守任务。

训练开始时，球员A持球穿过半场线形成二打一的局面。在人数不占优势的情况下，球员b可以在执行接触中圈的动作后对球员a提供协防帮助。防守球员a可以采取虚张声势的方法，预判并延缓两名进攻球员执行双线快攻，直到b过来协防——在进攻球员没有完成快攻前。防守球员进行交流并对两名进攻球员实施防守。

投篮命中或者不中时，球员a或者b拿球并朝另一端的篮筐执行双线快攻战术。X队获得球权后，另一名球员C，执行接触中圈的动作并负责拖后防守的职责。b持球通过半场线时，D可以在接触中圈后快速对其执行防守。

另一种闪电快攻选择是三线快攻，即三打二战术，至少需要12名球员并将球员分为两个队。两名防守球员采用串联防守站立，内侧球员在前，外侧球员负责防守篮筐并执行首次传球。

中路的控球球员通过半场线时，另一名防守球员快速上前协防。运球球员A在对后面的防守球员a的防守进行解读后，做变向运球到一侧并将球传给处于空位的队友。X队的防守球员获得球权后，他们需要向球场另一端执行三线快攻战术，由中路球员持球。X队获得球权后，球员B和E在做完接触中圈后要快速执行防守任务。训练可以在一方成功投篮10次后结束。

选项：

1. 二打一闪电训练。

2. 三打二闪电训练。

3. 开始训练时，让边线处的球员站在罚球区顶端；防守球员在向场地另一端移动前必须先执行接触罚球区顶端的动作。

（四）快攻转换训练

目标：指导球员在遇到突发情况时如何转移篮球。

准备：篮球、两个互为对手的队及全场场地。

步骤：从场地一端开始。教练将球传给任意一名进攻球员，并喊出一名或者两名防守球员的号码或者名字。教练喊出自己的名字时，球员需要先做接触底线的动作，然后才能上前防守，这样就创建了人数占优的快攻局面。防守球员快速向后移动并进行交流，保护篮筐、封阻上篮并快速对进攻球员实施防守。进攻球员则发起进攻、解读防守局势并执行首要快攻和次要快攻战术。完成1～3次转移动作后，可以开始下一轮的训练。

第二节　团队防守

作为篮球比赛中最具体和最固定的一个元素，防守是团队战术中最一致的一个方面，也是球队实力的核心。要击败一支能够阻止对手顺利投篮的球队并不是一件容易的事。

由于年轻球员在个人技术和团队进攻技术方面的能力比较有限，因此团队防守对于初学球员来说就变成了更具主导性的工作。让球员明白防守是构建球队战术的基础。初学球员往往不能很好地理解防守和阻止对手得分与赢得比赛之间的关系，因此需要让他们明白防守和阻止对手得分与自己球队得分具有同等重要的地位。

防守往往会处于被动的位置——防守球员通常需要根据进攻球员的移动做出相应的反应。球员必须学会在防守时具有进攻性并占据主动，在进行防守时要主动采取措施，而不是被动地对进攻做出反应。只要拥有决心并通过一定的训练，球队就能形成更为主动有效的防守战术。

团队的防守是建立在个人基本防守技术之上的。要激励球员在防守时培养自己的信心。只要培养出良好的防守能力，任何球队都能提高自己的整体实力。

团队防守的基本原则是球员要随时做好行动准备，保证防守不会出现问题。例如，采取快速站姿的球员往往能够在进攻球员做出某种移动前，就能对其进行预判，进而对移动进行封阻。要指导球员做好应对一切的准备，也就是说，防守球员要对对手的最佳进攻移动有准备地进行防守。提前准备能够让防守球员在精神和身体上，随时准备应对对手的二次进攻。球员应该采取并保持防守快速站姿状态——这是团队进攻的标准。

任何防守的主要目标都是迫使对手做他们不想做的事。进攻取决于信心和节奏，而防守球员可以针对这两个方面采取干扰措施。消除对手的优势，指导球员在比赛中使用各种不同的防守方式。不让进攻方发挥他们的优势，而要迫使他们采取退而求其次的办法。消除进攻球员的优势，让他们不得不依靠自己比较薄弱的技术。防守是个关乎取舍的游戏，得到的同时也会失去。这取决于球队的优势和劣势、防守水平和防守类型。

交流是能够让防守保持统一的黏合剂。要执行有效的防守，球队需要培养和执行良好的交流技术，包括口头和非口头交流，以及讨论和倾听。

团队防守还取决于团队进攻的效率。有效的进攻能够对团队防守起到加强和补充的作用，还能减轻防守压力并使防守更为活跃。

五、防守场地级别

在不同级别的场地上可以执行多种类型的防守。教练可以在场上的任何位置指导球员如何防守对手。

全场团队防守是一种压迫防守形式，要求防守球员尽可能快速地对全场的进攻球员实施防守。在3/4场防守中，防守球员通常会允许对手执行首次向场内传球，然后在罚球线附近或者进攻圈顶端开始执行防守。最普遍的防守开始位置是半场，对手在半场线附近开始遇到防守。对于大多数小学和初中级别的球员来说，比较适合使用半场人盯人防守方式。教练也可以让球队从防守罚球区顶端开始执行防守。如果对手的个人能力较强，则可以使用1/4场地防守级别。这是基础级别。随着球队防守能力的不断增强，可以增加自己的防守级别。

全场防守和3/4场防守能够给对手施加更大的压力，但是也会增加球队的防守区域。这两种防守方式能够不让对手在后场自由移动，但与此同时，对手在进攻时有可能获得人数上的优势，进而破解防守并轻松得分。

六、防守类型

团队防守分为三个基本类型：人盯人防守、区域联防和综合防守。

（一）人盯人防守

人盯人防守，即每个球员负责对指定的进攻球员进行防守。对于所有级别的球员来说，教练都应该将人盯人防守作为基本的防守类型。人盯人防守的价值在于，它适用于所有的防守方式。

青年队经常利用对手相对较弱的外线投篮能力和控球能力，采用防守和压力战术。这种方法会阻碍年轻球员的快速发展，所以不提倡。这个年龄段的运动员更应该注重运动的乐趣和基本功的培养。每个人都应该有机会参加各种比赛，这样才能发展自己的优势，改善自己的不足。

球员可以先学习基本的人盯人防守，然后逐渐过渡到其他防守类型。同时，人盯人防守也是最具挑战性、最能自我实现的防守类型。所有防守球员都暴露在进攻球员面前——只要进攻能打破防守，那么他们就能投篮得分。他们的个人责任非常明确。一般来说，人盯人防守可以使球员在球队战术中更加注重个人责任。

（二）区域联防

区域联防即每个球员根据篮球和进攻球员的位置负责对执行的区域进行防守，是指定每个防守球员对特定区域进行防守，而不是防守某个进攻球员，这种防守类型更注重对球的防守。区域联防通常会随着球的移动而发生执行变化，并只防守场上的某个限制区域。区域联防的弱点通常体现在防守球员之间，外线也会存在一定的防守间隙，但是可以通过一定的变化来掩盖这些不足。

区域联防需要做出一定的取舍决策：下沉式的区域联防会放弃一些对外线投篮的防守，但是会加强内线的防守；而压迫式防守则会更多地阻挡掉外线投篮，而内线的防守能力则比较薄弱。

区域联防也可以转换为线性防守，以便对进攻球员执行断球或者包夹动作，或者转换为下沉式防守，以便对篮筐附近的内线区域执行重点防守。

1.2-3区域联防

2-3区域联防是使用最广泛的区域联防模式。对手拥有比较优秀的低位球员或者需要获得较好的底角防守效果时，教练可以使用这种模式。

2.1-3-1区域联防

在需要重点防守高位区域和侧翼区域时，1-3-1区域联防模式也是一种被广泛使用的模式。这种模式强调对中路、侧翼和罚球区顶端的防守。球的位置分别位于底角和侧翼。球在底角位置时，大多数区域联防模式都将恢复为2-3模式。

3.1-2-2区域联防

1-2-2区域联防模式能够获得很好的外线防守效果，但是内线防守能力相对较弱。球员的移动和位置变化与1-3-1模式类似。

（三）综合防守

综合防守即将人盯人防守和区域联防结合起来的防守类型。综合防守的目的是消除对手的优势并迷惑对手的进攻。例如：对手球队中只有两名得分能力较强的球员时，可以使用三角形+2的防守模式；而对手球队中只有一名关键球员或者具有较好控球能力的球员时，可以使用方形+1或菱形+1的防守模式。

1. 三角形+2

两名球员负责与对手中的两名指定球员执行防守，其他三名防守球员则采取三角形区域联防的模式。要想有效地使用这种防守模式，教练必须确定防守范围及向三角形区域联防的转换形式，还必须确定执行人盯人的两名防守球员所要采用的防守方式。这种防守模式能够降低对方两名进攻球员的进攻效率，但是其他外线投篮区域会存在弱点。

2. 方形+1或菱形+1

一名球员负责执行人盯人防守，其他4名球员则在篮筐附近执行区域联防。对手球队拥有一名得分或者控球能力特别突出的球员时，这种防守模式能够获得很好的效果。教练应该指定球队中防守能力最好的球员负责防守对手球队中得分和控球能力最强的球员或者球队领轴，首先确定谁是对手中的关键球员，然后确定使用何种方法消除关键球员的优势。

这种防守模式能够降低对手中一名球员的效率，4名执行区域联防的球员能够提供协防并保护篮筐，但是在外线投篮区域同样存在防守的弱点。

（四）紧逼防守

人盯人压迫防守可以应用于任何级别，即半场、3/4场地或者全场防守；可以应用所有的防守原则，但是采用全场防守时，执行协防要困难得多。同样，由于防守范围的扩大，单个球员在阻挡或者向控球球员施压时，也要付出更多的努力。

区域压迫防守也可以应用于任何级别的防守上。区域压迫防守一般会加快比赛节奏，人盯人压迫防守则会减慢比赛节奏。执行区域压迫防守时通常会使用控制性压迫方式，即将篮球阻挡于中路之外，在篮球通过半场前，至少设立一个边线包夹。球员a负责防守中路，e防守边线位置，c则负责在包夹时保护篮筐。

教练需要确定执行包夹防守的时间、转换方式、是否使用连续包夹战术、何时恢复常规的半场防守模式，以及执行半场防守时向何种类型的防守转换。执行人盯人防守时，一种方法是在执行一次包夹后恢复到基本的防守模式——保护篮筐、封阻篮球及对处于空位的球员执行防守。在转换过程中，交流非常关键。

球员c、d和b位于传球路线上，迫使进攻方选择头顶传球，将球逼到底角并实施包夹防守。

（五）团队防守教学要点

1. 开始训练时，高效地从进攻转为防守。

2. 以防守篮板球、成功盗球或者对手的失误作为联系的结束。

3. 需要进行交流：口头和非口头的交流，交谈和倾听。

七、团队防守训练

防守时需要考虑所有可能出现的情况，先从一对一的单人防守训练开始，然后逐步升级到团队防守战术。

1. 移动站姿和步法。

2. 队列训练：单人防守，尤其是一打一防守。

3. 卡位：一打一、二打二、三打三、四打四。

4. 有球防守二打二到无球防守二打二。

5. 防守步滑动：移动站姿和步法。

（一）半场三打三、四打四训练

目标：模拟两人和三人进攻中可能出现的所有情况，并以团队战术对其进行防守。

准备：篮球、半场场地、8~12名球员。

步骤：每个训练可以着重针对一种进攻情况进行。让球队针对所有情况进行训练。训练轮换：进攻转换为防守方，防守方下场休息，场下球员上场负责进攻。

1. 两名球员在外线，两名球员在内线。

2. 四名外线球员，闪切到低位。

3. 传切移动。

4. 强调运球突破。

5. 低位战术。

6. 三名球员在外（内）线，一名球员在内（外）线。

7. 一名后卫在前或者两名后卫在前。

（二）半场到全场训练：三打三、四打四、五打五

目标：训练基本的半场防守及如何从防守向进攻转换；训练基本的半场进攻及如何向防守转换。

准备：篮球、全场场地和至少两组球员。

步骤：设定某种进攻情况并相应地执行防守任务，然后在投篮不中时向进攻切换；执行指定的进攻，然后在投篮命中或者投篮不中时有效地向防守转换。

选项：三打三、四打四、五打五团队进攻和防守。

（三）全场训练：三打三、五打五

目标：指导球员以进阶方式执行防守的全部环节——三打三分解训练和五打五全员训练。

准备：篮球、全场场地和至少两组球员。

步骤：执行三打三全场训练时，球员或组在完成全场三个往返循环后应交换角色。需要运球通过半场线，在进攻早期不允许使用能够分解阵型的高吊传球方式。

训练形式：按照以下规则使用两个篮筐执行全场三打三对抗。

1. 进攻方，如果进攻球员迫使对方犯规。

2. 不允许越过半场高吊传球。

3. 进攻时无运球。

4. 其他训练组在场下等候，攻防两方获胜的留在场上继续进行下一轮训练。这是能够使用的最复杂也是效果最好的一个训练方式。球员在执行所有基本技术的同时必须执行全场攻防训练。

参考文献

[1] 叶向东. 浅谈篮球课对学生的战术意识的培养[J]. 才智, 2015(29): 231-232.

[2] 冯堃. 谈高校篮球教学训练中培养学生战术意识的策略[J]. 才智, 2019(8): 22.

[3] 熊锋. 论篮球技术训练与篮球意识培养[J]. 当代体育科技, 2017(4): 52-53.

[4] 胡琛莴. 论篮球技术训练与篮球意识培养[J]. 当代体育科技, 2016(15): 40-41.

[5] 张忠子. 论篮球技术训练与篮球意识培养[J]. 黑龙江科技信息, 2017(13): 74.

[6] 李卫星. 论篮球技术训练与篮球意识的培养[J]. 课程教育研究, 2017(24): 226-227.

[7] 国洪雨, 张爽. 论篮球技术训练与篮球意识的培养[J]. 当代体育科技, 2019, 9(22): 247-248.

[8] 施建民. 河南省周口市城区小学课余篮球训练现状与对策研究[D]. 北京: 首都体育学院, 2018.

[9] 李振国. 论篮球技术训练与篮球意识培养[J]. 吉林广播电视大学学报, 2015(12): 155-156.

[10] 林传宝. 篮球技术训练与篮球意识培养的相关研究[J]. 灌篮, 2020(1): 183-154.